MAMAZUIXIANG SONGGEI QINGCHUNQI NANHAI DE LIWU

妈妈最想送给青春期男孩的礼物

江乐兴◎编著

中国物资出版社

图书在版编目（CIP）数据

妈妈最想送给青春期男孩的礼物/江乐兴编著．—北京：中国物资出版社，2011.6

ISBN 978-7-5047-3823-3

Ⅰ.①妈… Ⅱ.①江… Ⅲ.①青少年教育：家庭教育 Ⅳ.①G78

中国版本图书馆CIP数据核字（2011）第037761号

策划编辑	李　玲	责任印制	方朋远
责任编辑	李　玲	责任校对	孙会香　饶莉莉

出版发行	中国物资出版社		
社　　址	北京市丰台区南四环西路188号5区20楼	邮政编码	100070
电　　话	010-52227568（发行部）		010-52227588转307（总编室）
	010-68589540（读者服务部）		010-52227588转305（质检部）
网　　址	http://www.clph.cn		
经　　销	新华书店		
印　　刷	北京京都六环印刷厂		
书　　号	ISBN 978-7-5047-3823-3/G·0527		
开　　本	710mm×1000mm　1/16		
印　　张	11	版　　次	2011年6月第1版
字　　数	190千字	印　　次	2011年6月第1次印刷
印　　数	0001-9000册	定　　价	24.80元

前言

不知从什么时候开始，你的嗓音开始变了，慢慢变得带点回音，低沉但很有力，而且还有点磁性，你有了一个成熟男人的嗓音。当家里电话铃响起时，你接起电话，往往会被人误认为是你爸爸在接电话。这个时候，你是否意识到自己已经长大，已经进入青春期了呢？

在生命的长河里，每个男孩子都会经历一个特殊的时期——青春期。青春期是一个过渡时期，是男孩儿由少年向男子汉过渡的时期，在这个时期，你的身体和心理都会迅速发生改变，开始发育。而且，你开始尝试反抗父母的安排和决定，你拥有强烈的独立意识、反抗意识，但同时，你承担着学习的压力和父母的期望，还要应对各种成长过程中的问题。

然而，青春期有的不只是紧张不安，更有惊喜不断——你似乎突然之间就健壮起来，腿上有了硬硬的肌肉块；你一下子就成熟起来，开始在爸爸妈妈不舒服、不方便的时候，像个男子汉一样拍着胸膛说："没关系，有我呢！"你开始变得细腻敏感，不再像以前那样每天不洗脸、不刷牙就想往外跑，而是越来越关注自己的外貌，越来越重视别人的评价，越来越渴望独立和自由，越来越希望自己是健壮的、干净的、帅气的；你开始好奇于异性的小秘密，希望与异性接触，看到女孩子开始害羞和脸红。

青春期是一个走向成熟的过程，也是一个不断发现和探索的过程，像很多青少年一样，你会碰到无数的青春期困惑，你会对自己的生理、心理、行为等方面的变化产生误解。因此，我们完全有理由说青春期是一个复杂的时期。但如果你了解了自己生理、心理、行为等方面的秘密，就会发现青春期其实是一个如此美妙的时期。

本书会集了男孩子向父母羞于启齿的秘密问题，它既是父母对男孩子进行青春期教育的好帮手，也是青春期男孩了解自己、了解男性秘密的好朋友。在你似曾相识的故事中，在妈妈给孩子的殷殷叮咛里，母亲对孩子的爱和关怀、指导和帮助就像是一股春风一样让你释怀，让你清醒，也让你感动。男孩儿读完这本书，会发现青春期不再充满难堪和羞涩，不再神秘和令人困惑，而是充满了成长的快乐。

编 者

2011年4月

目录

Part1:生理上的秘密

Part2：心理上的秘密

Part3：行为上的秘密

Part1：生理上的秘密

SHENGLISHANG DE MIMI

当男孩进入青春期后，生理上便会产生一系列的变化，如喉结凸出、嗓音改变。这时候不仅你的身体在不断成长，心智也在不断成熟。

青春期来了

上了初中一年级后，学校就开了生理卫生课。在第一次课上，同学们开始七嘴八舌地问："我为什么长胡须了""我脖子上为什么长了个小包"之类的问题。有的孩子还小脸红红地说："老师，我昨天晚上睡觉的时候梦见了一个很漂亮的女孩子，老师，我为什么这样，我是不是变坏了呀？"

是呀，为什么呢？答案就是，因为孩子们进入了青春期，他们的身体、行为和心理都发生了巨大的变化。虽然让孩子们感到意外，有时候连父母也觉得不可思议，但这毫无疑问都是正常的现象，完全不必担心。

说起青春期的变化，归根结底是由激素引起的。所谓激素就是人体产生的一类化学物质，它们的含量非常少，却在一个人的成长过程中承担极其重要的角色，不仅负责维持人体的正常的新陈代谢活动，也负责维持人体的整体平衡。

激素是由内分泌腺分泌出来的，大量的内分泌腺就组成了人体的内分泌系统，它直接分泌到血液中，通过血液作用于有关器官，发挥它的功效，而这个内分泌系统就是孩子们青春发育期的主宰者。

人体的内分泌系统主要是由脑下垂体、甲状腺、肾上腺、胰腺、性腺、甲状旁腺等组成的。在人的整个婴幼儿和整个儿童期内，内分泌系统的激素分泌量差不多是非常稳定的，同时没有太过明显的性别上的差异。但是人们一旦进入了青春发育期，其激素分泌量增加的速度就会明显变快。

首先，脑下垂体在人体分泌腺群体中占据着当之无愧的领导者地位。对人体生长发育有决定作用的生长激素就是由脑下垂体直接分泌的。生长激素作用于人的骨骼，使其生长旺盛。生长激素分泌过多，人就会长得过分的高大，这是一种病态的现象，也就是巨人症。此外，生长激素还可以促使蛋白质的合成，从而促进肌肉的发育。除了生长激素以外，脑下垂体还会分泌出促甲状腺激素，促使甲状腺激素的分泌量增加。甲状腺激素可以促进生长发育，增加能量代谢。如果甲状腺激素分泌很少，人体的发育就会受到极大的影响，而且智力也会受到不同程度的影响，不仅使男孩子个子矮小，还有可能出现呆傻的现象。除此之外，脑下垂体分泌的激素中非常重要的另一种激素是促肾上腺皮质激素，它可以促使内分泌系统分泌出甲状腺激素和肾上腺分泌物，与生长激素一起促使青春期男孩的体重和身高获得异常迅速的增长。

最后，对青春期男孩子的影响最大的是性激素的分泌。他们的肾上腺可以分泌性激素，脑下垂体也分泌性腺激素，包括促卵泡成熟激素和促黄体生成激素，但主要的性激素还是由男性的睾丸分泌的雄性激素，这些雄性激素会直接进入血液循环，分布在他们的全身，发挥出各种不同的生理作用。

雄性激素可以促使男性的性器官的发育，并且使其保持在成熟的状态。进入青春期后，由于雄性激素分泌的增加，男孩子们会发现自己的阴茎迅速增长变粗，在一定的刺激下还会不由自主地出现勃起现象，并且出现了遗精、流白等现象。这正是男性性器官成熟的标志，如果没有这些雄性激素，男性的性器官便不可能发育，更不会发育成熟。

它可以促使男性第二性征的出现，使男性长胡须，出现发达、粗壮、有力的肌肉，促使男性的喉结增大、声带增厚，同时抑制乳房的发育，使男性呈现出与女性不同的性特征。

它可以激发男性的性欲，并维持男性的性功能。性欲的产生与性功能活动的正常是复杂的神经反射过程协调的结果，而导致男性性中枢兴奋的根源就是雄性激素。男性体内如果缺少雄性激素，就会引起性欲减退或性功能障碍等，甚至使精液量减少。

它还有一个非常重要的作用就是促进人体的新陈代谢。雄性激素对物质代谢最重要的作用就是促使蛋白质合成，它能刺激男性低机体生长，使新陈代谢增强，促进骨骼生长、体重增加，提高骨髓的造血功能，使红细胞与血红蛋白增多，同时也会减少男性体内的脂肪储存。

总之，孩子们在青春期所发生的巨变一般都是由激素引起的。

妈妈最想对你说的话

亲爱的儿子：

拥有你，是妈妈最大的幸福。当你还在妈妈的肚子里的时候，妈妈常常轻轻地抚摸着肚子，心里满满的都是幸福。听到你的第一声响亮的哭声的时候，妈妈早已经忘记了分娩时的痛。真的，和这种幸福比起来，那点痛是微不足道的。

当你一天天长大，开始有了青春期孩子所拥有的小秘密、欣喜和困惑的时候，眉眼间越来越像一个小男子汉的时候，妈妈为你感到高兴。

当你发现自己脸上开始长了大大小小的痘痘的时候，当你发现自己的脖子上突然有了一块突出来的骨头的时候，当你感觉自己的声音变得沙哑的时候，当你开始发现自己的小弟弟开始变大了的时候，我的孩子，你要放心，你不是生病了，而是，你的青春期来了。

青春期来了，你开始慢慢地变成一个男子汉，那些痘痘是青春痘，那块骨头是喉结，那沙哑的声音是男孩子成熟的标志，那个变大的小弟弟是你走向成熟的象征。对于这些变化，你应该发自内心地感到快乐和骄傲。

这时，你会发现自己的握力、背部肌肉的力量快速提升，你可以用比以前快得多的速度奔跑，也会提起很多以前你提不动的重物。这是因为，进入青春期以后，你的肌肉越来越有力量，这也是你成为一个男子汉的非常重要的过程。

在这个时期，你会发现你比女孩有力量，比女孩拥有更强的耐力，当女孩子感觉疲劳的时候，而你却觉得很轻松。是的，你渐渐拥有了你梦寐以求的男子汉的力量，强壮而结实，你充满了爆发力，充满了活力。我的孩子，妈妈由衷地为你的成长而感到高兴和骄傲。

同时，你会进入“心理断乳期”。这里的“心理断乳”与肉体上的断乳期有所不同。一个孩子到1岁半以后就会断奶，这也就是“肉体上的断乳”。肉体上的断乳往往是被动的，是妈妈强制性地终止了你对乳汁的依赖。但这种断乳并没有使你摆脱对妈妈的依赖，从各个方面来说，你都依然处于爸爸妈妈的悉心呵护之下。但到青春期以后，你上了中学，也开始变得独立起来，你不再被动地接受，而是开始自己思考，自己决定，自己判断，你甚至开始学着主动地挣脱爸爸妈妈的呵护，希望摆脱对我们的依赖，你希望自己能够以一个独立的人来与我们相处，这就是心理上的断乳。

看到你的变化，我的孩子，妈妈很为你高兴，毕竟，在未来的某一天，你会离开爸爸妈妈去开始你自己的生活，去追求你的理想和未来。在这之前，你必须学着自己去管理自己和自己的生活，所以，你进入青春期实在是一件值得庆贺和高兴的事情。

但是，你希望独立，并开始渐渐独立，但是这种独立并不是马上就完成的，也不是完全意义上的独立。从很大程度上来看，你还需要爸爸妈妈的帮助、照顾和引导。第一，在经济上，你还无法独立，也无法独立参与社会活动；第二，你的心理、身体、知识和经验积累都还处于一个不断发展、不断变化的时期，你的还无法独自应对生活中的种种现象，这使你不可能完全地取得独立。妈妈告诉你这些，并不是打击你，而是想帮助你走过这个特殊而又是必须经过的时期，你既要学会独立，也要学会处理好独立于父母与依赖于父母之间的关系。当你遇到问题的时候，如果是你能够处理的，你就可以自己独立地去解决，但是对于那些你自己无法处理或不足以完成的事情的，不妨听一听爸爸妈妈的建议，这样，你就会更好地处理问题。

——爱你的妈妈

为什么你的脖子上长了一个结

刚上初一的周成最近遇到了烦心事，不知怎么回事，他的脖子上长了一个包，用手一摸，发现里面有个骨头，虽然没有影响他正常吃饭、喝水，可脖子上突出一块“东西”，感觉就是不爽，周成暗自发问：这东西到底是什么呢？我会不会生病啦？别人脖子上有没有这个东西呢？

细心的周成注意到他的同桌脖子上也突出了一块奇怪的“不明物体”，同桌竟然说周成把奇怪的病传染给了他，这让周成感到特别冤。渐渐地，周成发现班里的大部分男生脖子上都有一块凸出的包，而女生们的脖子却没有这个东西。难道只有男孩子才会有这种现象吗？于是，周成和同桌分析起来，最后同桌神秘地对他说：“我知道为什么只有男生脖子上会长东西。”

周成迫不及待地问：“是吗？为什么呀？”“因为男孩子不那么爱哭鼻子，有难过的事情也忍着，长期如此，就憋出了一块‘东西’，女生爱哭，所以她们的脖子不会长东西。”看着同桌分析得头头是道，周成居然信以为真。

一天晚上回家，妈妈看到周成脖子上的小包包了，惊喜地说：“儿子，你进入青春期了，快成大人了！”妈妈的话让周成感到莫名其妙，心想：我还在上初一呢，哪有那么快成大人啊！妈妈告诉他：“你脖子上凸出的骨头叫喉结，男孩儿进入青春期后，都会长喉结，这是男性的生理特征之一。”

周成不解地问：“哦，这叫喉结呀？为什么女孩子没有呢？”在妈妈的耐心讲解下，周成终于搞清楚了，这时他才意识到同桌的解释纯粹是无稽之谈。

脖子上长出的喉结是青春期男性第二性征的特征之一，这是由男性雄性激素及促肾上腺皮质激素所决定的。事实上喉结不是很多孩子所说的长在脖子上的小骨头，它只是喉部甲状软骨上的一个结构部位，男孩和女孩都有喉结的，只不过由于女孩没有足够的雄性激素的作用，所以喉结不明显。

大部分男孩子在进入青春期后都会出现喉结，那么喉结是如何发育的呢？它有什么作用呢？想要了解这个问题，先要了解男性在发育过程中为什么会出现喉结。

我们知道，喉结的发育状况是与年龄、性别有关的。在青春期前，男生、女生的喉结的发育状况差别不大，但到青春期，女生的喉结仍无明显增大，而男生的喉结则在雄性激素的作用下迅速增大，位于颈部的甲状软骨向前方凸出，使喉结的前后径增加将近一倍，发声随之变为低沉的男性音，这就是喉结发育的生理过程。

了解这一过程，我们就能理解为什么青春期前男女声发音没有明显的区别，即男童音与女童音非常近似，而青春期后，男性的喉部前后径变大发出低沉的男性音，女性喉部前后径小发出尖细的女性音。就像一些乐器，管径小的声音就尖细些，管径粗的声音就浑厚些，其道理是相同的。

妈妈最想对你说的话

亲爱的儿子：

很高兴看到你长出了喉结，不要担心，那是青春期男性生理的正常变化，你应该感到高兴才是。或许你会感到疑惑不解，心想：为什么大多数女性没有喉结呢？在这里妈妈给你做详细的讲解，原因大概有两种：

（1）内分泌机能不足。我们知道，雌性激素是女性体内占统治地位的性激素，雄性激素的含量极少。如果女性卵巢功能不足，或者脑垂体、肾上腺等内分泌腺出了问题，体内雄性激素的含量就会增多，于是，便发生“喧宾夺主”的现象，出现了喉结突出、多毛和声音变粗等男性化的表现，与此同时，女性应有的一些特征就会不明显。

（2）遗传因素。父母生长发育的特征会传给下一代，比如身高、体形，甚至连眼睛的形状、鼻子的长短、颧骨的高低、耳朵的大小等，都会遗传给下一代，当然，也包括喉结的大小。如果父亲的喉结特别大，特别显眼，女儿的喉结也可能会凸出些。

由此可见，大多数女生的喉结是不凸出来的，男生的喉结凸出是男性成熟的标志之一。所以，你应该为你是一个小男子汉而感到骄傲，因为你有喉结了！

——爱你的妈妈

喉结不明显就不正常吗

一天，有位小伙子走进男科门诊部，向医生诉说了自己的烦恼：他一切正常，就是喉结不明显。他深知男性发育后都会长喉结，因为这是男性第二性征的表现。但是多年来，他反复照镜子，越照越觉得自己的喉结不明显，越照越烦恼。一次朋友开玩笑，说他没喉结不像男人，从那以后他就变得郁郁寡欢，生怕暴露颈部，他甚至在炎热的夏天都穿着高领子的衣服。他经常自问："难道我真的发育不良吗？""难道我真的无药可救吗？"

看到他那么焦急和沮丧，医生细心而全面地为他做检查，小伙子身高175厘米，体重75公斤，肩膀宽厚，肌肉发达，内外生殖器发育均正常，胡须、体毛及阴毛等均符合男性特征，而且声音低沉。通过进一步了解，医生发现他的性功能也正常，为了彻底打消他的疑虑，医生为他做了内分泌检查，发现也正常，毋庸置疑，他是正常的男子汉。

当医生把这一结论告诉他时，他心情舒坦了很多，但是，既然他是正常的男子汉，为什么喉结不明显呢？

一般的情况是，在青春期时，男性的喉结在雄性激素的作用下迅速增大，位于颈部的甲状软骨向前方凸出，使喉的前后径增加将近一倍，发声随之变为低沉的男性音，这就是喉结发育的生理过程。有些学者对一些喉结不明显的人进行调查发现，他们男性性征正常，无其他异常表现，内分泌检查也未见异常。在青春期从事的运动量过大或在刚开始发育的时候有过频繁的手淫史，这就可能导致在青春发育期雄性激素被大大消耗，从而无法使甲状软骨充分向前突出，以致从外观看喉结并不明显。但是男性音还是很明显，所以无须过于在意。

事实上，喉结是否明显与睾丸及阴茎的发育状况如何没有必然的联系。一些男性虽然喉结不明显，但其睾丸及阴茎的发育相当好。所以，只要内外生殖器发育良好，毛发分布及生长正常，声音为低沉的男性音，就是一个标准的男子汉。

妈妈最想对你说的话

亲爱的儿子：

当你发现自己长喉结了，而班里的其他男生没有明显的喉结时，你可能胡思乱想，认为自己生病了；当你发现班里的男同学都有喉结而自己还没有喉结时，或许你会惶恐不安，认为自己哪些方面不正常；当你发现大家的喉结都挺明显，而你的喉结不明显时，你可能认为自己有问题。

妈妈想告诉你的是，如果你的喉结不明显，可能是你还没有进入青春期，你的身体没有充分发育，你无须太过在意，要相信身体再发育一段时间可能喉结就长出来了。另外，妈妈想告诉你的是，即使以后你长大了，喉结不明显，也不必自卑沮丧。因为一个男孩子喉结是否明显并不是判断他是不是男人的标准，只要你其他方面正常，你就是正常的。所以，你要放下心理包袱，把心思放在学习上，开开心心地生活。

——爱你的妈妈

你的嗓音怎么变粗了

学校要举行合唱比赛，宋强也想报名参加，可老师说他的嗓子不行，声音太粗了，不适合参加比赛。咦？真是奇怪，在小学的时候，宋强是学校合唱团的主力，那时候他还担任过男生领唱，怎么现在却被合唱比赛拒之门外了呢？嗓音为什么变粗了呢？

没能参加合唱比赛，宋强心里很郁闷。放学回家后，他把自己关在房间里，带起耳机，开始哼唱起林俊杰的《曹操》，当唱到高音部分时，他怎么也唱不出声来了。不行，他坚决不想放弃，于是继续"号叫"，正当他声嘶力竭狂吼的时候，妈妈推开了他的房门，非常惊讶地问："强强，你怎么在房间里乱吼乱叫啊？"

"拜托，这不是乱吼乱叫，我是在唱歌呢，就算我唱得有一丁点儿难听，也不能说那是在乱吼乱叫呀！"宋强对妈妈抗议道。妈妈没有理会他的抗议，居然还哈哈大笑起来。

宋强皱着眉，难过地问道："我唱的真的有那么难听吗？不知怎么回事，我的嗓音变粗了，高音唱不出来，我觉得自己就像蜡笔小新，怪不得老师没让我参加合唱比赛呢！"

这时候妈妈不笑了，她像是突然意识到什么问题一样，温和地说："强强，首先妈妈要向你道歉，刚才不该说你乱吼乱叫，对不起了。其次，妈妈发现你进入了青春期，你的声音变粗就是进入青春期的征兆，妈妈要祝贺你！"

宋强奇怪地问："妈妈，你告诉我，为什么我的嗓音突然变粗了呢？"

妈妈认真地说："声音的粗细是由声带决定的。儿童期无论男孩女孩，声带的长度均为6～8毫米，发出的声音是童音，童音是分不清男女的。而进入青春期后，声音有些变化，男孩的声音一般多为粗犷低沉，音量广而厚。这与其声带的厚、宽和长度有着密切关系。所以，你的声音变粗是青春期的正常生理现象，不必为此苦恼。如果唱不了高音，唱低沉的音调也不错啊！"

"呵呵，是呀，那我从现在起开始练男低音啦。"听了妈妈的话，宋强的眉头总算舒展开了。

其实，"变声期"并不是什么特殊的时期，它只是从童声到成人声的变化阶段，是人人都要经历的正常生理过程。青少年在14～16岁时开始进入变声期，主要表现为声音嘶哑，声带局部充血、水肿，音调、音色逐步发生变化，变声期的完成一般需要半年至一年时间。

变声期可以分为变声初期、变声中期、变声后期三个阶段，每个阶段表现都不一样。

（1）变声初期。这个时期男孩和女孩说话和唱歌的声音差不多和童年的声音相同，只是说话当中有的语调开始出现粗涩沉闷的声音。随着时间的推移，这种情况就会越来越多。与此同时，男孩可能觉得自己的嗓音有些不听使唤，发不好高音；发音耐久力差，音调不稳定，有时说话走调，甚至出现怪音等现象。

（2）变声中期。它是嗓音变化最明显的时期。这时，男孩说话和唱歌时和以前有了显著不同。声音变粗变低，但有时还有娃娃声。唱歌时好像控制不住自己的嗓音，唱高音困难，调门越来越低。变声时间越长，娃娃声就越少，成人声音成分就越多。到此期结束，声音就完全变成了低而沉厚的成人声音了。

(3) 变声后期。这个时期说话的声音稳定了，但是唱歌的声音还不够稳定，自己还控制不好。这一阶段持续的时间有长有短，因人而异，一般可达几个月。

总的来讲，变声期嗓音变化的现象，女声不明显，男声显著。女孩子发高音时变化不显著，发低音时不稳定。男孩子相反，发低音时不显著，发高音时不稳定。

妈妈最想对你说的话

亲爱的儿子：

很多男孩儿上了五六年级或初中后，嗓音就开始变了，变得又粗又哑，再也不能发出原来那么清脆的声音了。有些孩子害怕自己的嗓音变粗，变得难听；有些孩子觉得很不好意思，不敢像从前那样轻松地与人说话；有些孩子喜欢唱歌，当嗓子变粗后一时间无法接受，甚至产生自卑的念头。其实这是青春期孩子正常发育的一种表现，说明你正在逐渐地长大、成熟。

很多男孩都有同样的烦恼，这是很正常的，谁不想自己的声音好听呢？但是，嗓音变粗是一个不争的事实。对男孩子来说，嗓音变粗是成长过程中非常自然的阶段，是每个男孩都会经历的，所以不需要有任何担心。生活中，低沉的声音是区别男性和女性的标志。另外，在青春期你需要保护自己的嗓子，不要大喊大叫，只有这样，将来才会有一副很有魅力的好嗓子。

——爱你的妈妈

让你烦恼的胡子

陈超已经上初中三年级了，一天早上他和同桌发生了争执，原因是同桌在同学面前取笑他脸上的落腮胡子，说他长得像原始森林的黑猩猩，有返祖现象。听到这样的话，陈超生气地说："你还取笑我，你嘴上没毛，办事不牢，是个十足的娘娘腔，我觉得你是停留在婴儿期忘记发育了，还是回家吃奶去吧。”

陈超的一番话逗得周围同学哈哈大笑，同桌被他气得满脸通红，于是和他争吵起来。这时班主任正好来教室，才平息了他们的争吵。班主任叫他们放学后去办公室。中午放学的时候，陈超和同桌来到办公室，他们的生理卫生老师也在一旁，班主任笑着对他们说：“你们上生理卫生课的时候不好好听讲，一些基本的生理常识都不知道，还取笑别人，你们的做法对吗？”陈超和同桌摇摇头表示不对，“我让生理卫生老师跟你们讲讲吧！”

生理老师说：“现在你们都长大了，已经进入了青春期，男生最明显的表现之一就是长胡子、长喉结、声音变粗，这是男性和女性身体外形的区别。所以，陈超同学长胡子是很正常的，但没长胡子也不必担心，可能还没有进入青春期，或者胡子长得不明显。以后你们可不要取笑别人了，那样会闹笑话的，知道了吗？”

一场风波就这样平息了……

男孩子进入青春期后，由于体内的雄性激素占优势，就开始长胡须了。这时胡须的颜色浅淡，很细很少。胡须是毛发的一种，在结构上同身体其他部位的毛发一样分为几部分：露出皮肤外面的部分叫毛干，埋在皮肤里面的部分叫毛根，毛根末端膨大部分叫毛球，毛球下端凹陷部分叫毛乳头，毛乳头里含有神经末梢和血管，它供给毛发营养并接受毛发的感觉。毛根周围的袋状结构叫毛囊，它与附近的皮脂腺相通。只要有毛球、毛乳头和完整的毛囊存在，毛发就能再生。

近来，国外专家研究发现，胡须具有吸附有害物质的特性。人在呼吸时，可排出多种有害的化学气体，而且均可滞留在胡子上；大气中含有多种重金属微粒，尤其在繁华的街道上，汽车尾气排放出的多环芳烃、铅也会被胡须吸附；吸烟者烟雾中苯并芘等致癌物质，也会在胡须上停留。此外，长胡须的表皮上油脂分泌较多，平时用清水洗脸时又往往较难洗去。研究表明，油脂有黏附灰尘和微生物的特性。

国外专家将刮下来的胡须经气相色谱仪分析，发现有数十种有害物质，如二氧化碳、氮氧化物、苯并芘及铅等重金属元素。在显微镜下，还可见到胡须上有大量的微生物。这些有害物质有可能随着人的呼吸作用，被吸回呼吸道，危害人体健康。

妈妈最想对你说的话

亲爱的儿子：

当你第一次发现自己长出了胡子时，或许你会感到紧张、苦恼、焦虑，随着胡子的颜色越来越黑，你有可能不敢照镜子，或许你还想把胡子剃掉，总而言之，你可能并不欢迎胡子的光临。其实男孩子有胡子是很正常的，这是你进入青春期的表现之一，因此你完全没有必要烦恼，你的同学也会长胡子的，不信的话你可以留心观察他们。

有些男孩子发现自己长胡子后，急着将自己的胡须剃掉，结果越剃越多，给自己带来了更多的麻烦。因此妈妈建议你最好不要过早地剃胡子，如果你的胡须长得过于浓密，就有必要剃掉它了，但一定要用自己的剃须刀（让爸爸帮你买，或告诉妈妈，妈妈会给你买）。因为与别人共用剃须刀是不卫生的行为，会给很多疾病制造传播的机会，比如艾滋病、乙型肝炎等。

有些男孩痛恨胡子，恨不得把胡子拔掉，其实这样做是不明智的，会伤害毛囊和皮肤，极易损伤面部皮肤、毛囊及相邻的皮脂腺。同时，附在皮肤表面的细菌会趁虚而入，引起毛囊和皮脂腺发炎形成疖肿。

胡须所在的部位正是医学上所说的“危险三角区”，如果这个区域感染了病菌，很容易扩散，引起更为严重的炎症。如果蔓延到颅腔内的海绵状静脉窦，有可能引起脑膜炎或脓毒败血症。

你可能会发现，胡子比头发长得快多了，其实这是雄性激素作用的结果。生殖机能越旺盛、胡须生长得就越快。长胡子部位的血管分布要比头发根部多，养分也容易得到，这也是胡子疯长的原因。所以，刚刮的胡子几天又长出来了。以后你就知道了，刮胡子可能是你每隔两三天就要进行的例行公事。现在的电动剃须刀使用起来非常方便，因此你不必为刮胡子感到担忧。

——爱你的妈妈

没长胡须就不正常吗

看着男同学都长胡子了，再摸摸自己的下巴，致远不由地有些担心，前几天他还笑话同学长胡子难看，这几天他才意识到长胡子是正常的，而自己不长胡子，难道自己不正常吗?

中午放学回家后，致远一脸不悦，妈妈以为他和同学闹矛盾了，心情不好，就关切地问："致远，你怎么了？为什么不开心呢？"这一问不要紧，致远竟然快要哭了，接着他把自己的烦恼告诉了妈妈，妈妈才知道他是担心自己没长胡子不正常。

妈妈对他说："基本上每个男孩子都要长胡子的，一般是在进入青春期后才有这种表现，可是你不是还没有进入青春期吗？你上学早，班里的男同学比你都大一两岁，因此你差不多要比他们晚一两年进入青春期，所以你完全不用担心。"

听了妈妈的解释，致远心情好多了，他不再为自己没有胡子而烦恼了。

长胡须是男子第二性征的表现之一。第二性征的出现，是由于男子进入青春期后，睾丸里分泌的雄性激素激发出来的。男孩子在11岁以前体内雄性激素很少，男女之间体征上差别不是很大。男孩的青春期发育没有严格的时间界限，一般是10～14岁。

进入青春期以后，第一个体征是睾丸和阴囊增大。随着睾丸渐渐发育成熟，开始具备了产生精子和雄性激素的能力。在雄性激素的作用下，男子生殖器迅速发育，第二性征随之出现，如躯体外形健壮、肌肉发达、肩宽臀小、面部长胡须、喉结隆起、嗓音低沉等。男子长胡须是雄性激素作用的结果。男子胡须的出现和定型，也有个过程。只有当青春发育期结束，性成熟后，男子体内的雄性激素达到正常成年人的水平，胡须才增多为成年人的样子。

身体健康的男子，体内雄性激素水平大体上是一致的，但每个男子胡须的多少却相差很大。有的人胡须浓密，有的人稀疏；有的人是络腮胡子，有的人是山羊胡子，这些都是正常状态下的差异。胡须的多少和形状同民族有关，与家族遗传也有关，这是正常的，完全不要对此有什么顾虑。

妈妈最想对你说的话

亲爱的儿子：

妈妈想对你说的是，男子无胡须是不是病态，要联系整个身体发育情况来判断。如果单看有没有胡子，就断定一男子是否正常，那也太片面了。有些男子虽然没有胡须，但生殖器官都发育正常，那就不属于病态。还有，男孩长胡子的起始年龄也不完全一样，有的男孩发育早，就早长胡子，有的男孩发育晚，就晚长胡子，这些都是正常的，完全不必着急。

当然了，如果已经进入了青春发育期，既没有长出胡须，第二性征也不明显，甚至超过了青春期后还没有长胡子，身体也没有发育，这就应该视为异常了，可能是专门调节控制性激素分泌的促性腺激素有了问题，需要到医院进行检查和治疗。

另外，是否长胡子与男性的雄性激素有关，可以多吃以下的食物来调节：

（1）动物内脏。这类食物含有较多的胆固醇，而胆固醇是合成性激素的重要成分。此外，动物内脏中还含有肾上腺素和性激素，能促进精原细胞的分裂和成熟。因此适量食用动物的心、肝、肾、肠等内脏，有利于提高体内雄性激素水平，刺激胡须的生长。

（2）含锌食物。锌是人体不可缺少的微量元素，它对于男子生殖系统正常结构和功能的维护有着重要作用。含锌量最高的食物首推牡蛎肉，其他如牛肉、牛奶、鸡肉、鸡肝、蛋黄、贝类、花生、谷类、豆类、马铃薯、蔬菜、红糖中都含有一定量的锌。

（3）含精氨酸的食物。精氨酸是精子形成的必要成分，常吃富含精氨酸的食物有助于补肾益精。此类食物有黏滑的特点，如鳝鱼、鲇鱼、泥鳅、海参、墨鱼、章鱼、蚕蛹、鸡肉、冻豆腐、紫菜、豌豆等。

（4）含钙食物。钙离子能刺激精子成熟。含钙丰富的食物有虾皮、咸蛋、蛋黄、乳制品、大豆、海带、芝麻酱等。

在今后的生活中，妈妈会有意识地为你准备这类食物，让你通过饮食来调节、增加体内的雄性激素。因此，你现在就不用担心没有胡子了。

——爱你的妈妈

体毛少就不是男子汉吗

小明16岁了，但一向开朗的他最近很苦恼，因为他发现自己的同学身上陆陆续续地都长出了浓浓的毛发，而他却还是那个白白净净、皮肤光滑的孩子，不但胡子是细细软软淡淡的，而且很少，连阴部的毛发也很少。为此，同学们没少奚落他，他们说他娘娘腔，没有毛发，不是男子汉。刚开始，他没在意，觉得自己以后一定会长得多多的，尽显男子汉的魅力，但是几年过去了，这种状态一直都没有改变。他开始感到难过，在宿舍里，他晚上简直都不敢脱衣服睡觉，也很少去学校的澡堂洗澡，更别说和同学一起去了。他常常想，为什么自己身上不长毛呢？是不是生病了呢？

一般来说，孩子进入青春期以后，身体表面就不再像小的时候那样光滑，而是开始像成人那样“长毛儿”了。而大多数的男孩子也更喜欢自己“多毛”，觉得茂密的体毛就是男性魅力的象征，于是，那些体毛少的男孩子就会感到自卑。

在成人的世界中， 大多数人评价一个人是否像个男子汉不是看他的长相如何，而是看他做了什么，看他能在多大程度上对自己、对他人、对社会承担责任。因此，如果有人根据你的体毛多少来决定是否喜欢你，或许这个人根本不值得你去结识。

我们很难根据自己的主观愿望增加或减少体毛，因为一个人体毛的多寡主要是由种族和遗传决定的。一般来说，白种人比黄种人多毛。而在同一种族内部，一个人的体毛多少则取决于他的家庭。如果你出生在一个男性成员都有多毛倾向的家族，你最终体毛也会比较多，反之亦然。苦心孤诣地寻找增毛良方，不如通过做事来提高自尊。一个自尊的人是能够喜欢和欣赏自己天然姿态的。

妈妈最想对你说的话

亲爱的儿子：

看到你为自己体毛少而觉得自己不像男子汉，妈妈也很难过。其实，人体毛的生长、分布和形态会因为种族、不同、遗传素质及个体发育的不同而有所不同，每个人的毛发生长情况、数量、形态，甚至颜色都不完全一样，有时差别还很大。比如，欧洲人的体毛就会比亚洲人的体毛浓密，即使在同一个地方，也是有的人的体毛很浓，而有的人的体毛很淡，不过也只是很淡而已，并不是完全没有，因为每一个人都是有汗毛孔的，它是人体必不可少的排汗系统，自然汗毛也就是必不可少的，而汗毛实际上就是一种体毛。所以，那些完全没有体毛的人实际上只是非常小的一个群体。

事实上，就像每个人的长相都不完全相同一样，体毛也是，它只是你的个人特征的一部分，并没有什么特别之处。除非完全无毛，否则它就是一种正常的现象，不能算病态，也不会影响到你的健康。

当然，如果你真的想让自己的体毛变浓一些，不妨多吃一些牛肉等食物，它们可以促进你的雄性激素的分泌，从而达到刺激体毛生长的目的。此外，在身体上涂抹些生姜汁，也可以刺激毛囊，促进体毛的生长。你也可以适当地刮掉一些体毛，这样新长出来的体毛看上去就会比正常的体毛要浓黑一些。

但是，孩子，妈妈还想告诉你的是，无论如何，都不要试图通过服用什么雄性激素或其他药物来达到你的目的，那是得不偿失的。要知道，对于一个人来说，健康就好，无须刻意地用别人的标准去要求自己。更何况一个男人像不像个男子汉，与他的长相和身高无关，同样与他的体毛的多少没有关系。一个男人如果没有责任心，不懂得体谅他人、照顾他人、尊重他人，没有担当，他就是有再多的体毛也不能说明他就是真正的男子汉，也无法赢得别人的信赖和喜欢。同样的，如果有人因为你体毛少就嘲笑你或者贬低你，妈妈可以负责任地告诉你，这样的人不值得你去结识，因为他连最起码的尊重和理性的判断力都没有。

我的孩子，把你的注意力转移开，放到更有意义的事情上去吧，抬起头来，学着像一个真正的男子汉那样去待人处事。

——爱你的妈妈

作为一个男子汉，从小就要懂得抬起头来，像一个真正的男子汉那样去待人处事。

你怎么成了全身是毛的“小猿人”

俊驰上高一，虽然体形健壮、高大，但他却非常自卑，为什么呢？原来他全身是毛，手上、腿上、两腮、下巴、胸部、阴部等地方都有旺盛的毛发。由于俊驰住校，洗澡是在公共澡堂，因此每次洗澡都成了一种煎熬。

有一次洗澡的时候，班里的赵旺同学开玩笑地说：“俊驰，你身上的毛真多啊，像没有进化完全的猿人，呵呵，不过挺性感的哦！”赵旺的一番话让俊驰不知是喜是悲，他觉得赵旺的话中嘲笑的成分比较多，于是感到非常沮丧。从那以后，他在学校很少去澡堂，他宁愿花钱去学校外面的浴室。

夏天来了，俊驰可烦恼了，因为他不好意思穿中裤。他最爱踢球，但每次踢球他都不穿短裤，因为他腿上的毛太容易引人注意了，如果听到一声“你的体毛好多啊”的评论，他可能会郁闷一整天。他有时候甚至担心，今后会不会找不到女朋友，别人看到他全身是毛，会不会害怕呢？

身体上的毛，统称为体毛，由角蛋白质鳞屑层层堆积而组成，一部分生物会因为季节而体毛更替。不同的生物有不同的体毛，即使同种生物，体毛毛色、生长速度也不尽相同，部分生物的体毛具有保暖、侦测、间接触发触觉受器、伪装等不一的功能。

人体要通过排汗来调节体内温度，以保持与外界温度的相对稳定，否则就会生病，而汗毛就是生长在汗腺上的，用来排汗。男性一般运动量较大，排汗较多，所以体毛会比女孩浓密一些。这些汗毛是通过立毛肌的收缩来控制的，热的时候立毛肌舒张，汗毛就贴在人体表面，冷的时候立毛肌收缩，汗毛就会立起来并形成鸡皮疙瘩。

体毛有很多作用，比如保护皮肤，调节体温，抗拒冷热气温，减轻摩擦，阻挡灰尘。另外，很多人将体毛视为性感、美观的表现。因此，体毛并不是可怕的东西。体毛过于旺盛，可能是受遗传因素的影响，如果父亲的体毛很旺盛，儿子的体毛也可能很旺盛。

妈妈最想对你说的话

亲爱的儿子：

当妈妈看到你旺盛的体毛时，觉得那是一道美丽的风景线，觉得你充满男人味，不要害羞，妈妈可是真心实意夸奖你的。知道吗？在西方女性的眼里，男性体毛旺盛就是一种美，能够增添魅力。尽管在国内人们的审美观不同，但最起码你没必要为体毛旺盛而烦恼，毕竟那是身体发育成长的自然现象。

当然了，如果脸上的胡须比较多，还是有必要经常刮的，至于手上的毛发，如果不是太显眼，没有必要小题大做地去刮毛，如果腿上的毛发旺盛，平时可以少穿中裤，不过上体育课或参加体育活动时，为了便于发挥，玩得尽兴，你还是应该穿运动装的，特别是踢足球、打篮球的时候，穿上短裤轻装上阵，你会表现得更好。

——爱你的妈妈

男孩子为什么更容易长痘痘

13岁的林奇上初二，这一学期是他感到最郁闷的时期，因为他脸上全是痘痘，摸上去全是疤痕，感到特别烦恼。平时林奇不敢抬头看人，总是低着头和别人说话，放学回家，就把自己关在房间里。他经常忍不住去摸脸，然后又去挤痘痘，总想着把痘痘挤掉、抠掉，皮肤就能变得平整，可是越是这样，脸上的疤痕越严重。

与林奇有同样的烦恼还有胡强等几个男孩，他们可谓“难兄难弟”，经常在一起抱怨自己不走运，为什么别人没痘痘，而自己却满脸痘痘呢？他们统计了一下，发现全班男生中有7人长了痘痘，而女生中只有两人长了痘痘，而班里的男生和女生数量相同，男生比女生更容易长痘痘，这究竟是为什么呢？他们始终没弄明白。

据统计，在青春期95%的男性、85%的女性都患过不同程度的痤疮，即青春痘。痤疮（青春痘）是一种发生于毛囊皮脂腺的慢性皮肤病，多出现于头面部、颈部、前胸、后背等皮脂腺分泌旺盛的部位。对很多青春期的孩子来说，青春痘可谓“老朋友”了，而且如果你留意一下，会发现男生长痘痘的比例要比女生的比例高很多，这是为什么呢？

（1）男生的皮肤更加容易出油。男生经常进行剧烈的户外活动，如踢球、打篮球等，这就增加了肌肤出油的可能性，再加上男生比较粗心大意，对自己的脸部关心程度不像女生那么细致，等青春痘长出来之后才想起祛痘。因此，男生长痘痘的比例较高也是可以理解的。

（2）男生的皮肤普遍较为粗糙，角质层相对而言比女生的厚，角质堆积到一定程度，就会堵塞毛孔，使皮肤表层的毒素或者污垢无法及时排出体外，越积越多，这样就增加了长痘痘的概率。

（3）男性荷尔蒙会影响皮脂腺的活动，使油脂分泌量增多，导致毛孔阻塞。而女性不同，因为每个月都会来月经，卵巢会分泌较多量的黄体素，因此会使身体的新陈代谢更为畅通，就不那么容易长青春痘了。

可见，男生也要学会呵护自己的面部皮肤，保持讲卫生的习惯，经常清洁皮肤。如果痘痘长出来了，也不必太担心，保持轻松的心态，选择清爽、控油、祛痘、温和的泡沫型洗面奶，坚持每天清洁脸部皮肤，让污垢无法在你的毛孔中停留，对去除痘痘很有帮助。

妈妈最想对你说的话

亲爱的儿子：

相信你也注意到了一个问题：男生进入青春期后，比女生更容易长痘痘。男生容易长青春痘是有原因的，除了上文讲到的几个重要原因外，还有这样一些原因，如遗传因素，用了不洁净的器具，如剃须刀，吃的油炸食品较多，用了不适合自己的化妆品等。

妈妈想告诉你的是，青春痘并不是什么不治之症，只要你用正确的心态对待它，养成良好的卫生习惯，就能把痘痘消灭掉。在这里，妈妈给你提供几条建议：

（1）有了青春痘之后，千万不要挤、抠，否则会留下疤痕，严重的话还会毁掉你的面容。

（2）多吃清淡的食品，少吃油腻、高糖、辛辣的食物。

（3）不要乱用化妆品，包括洗面奶、香皂等，也尽量不要相信偏方，要结合自己的皮肤特点，选择合适的化妆品，如果你的皮肤油性较重，就选择品质好的去油洗面奶。

（4）积极参加体育运动。生命在于运动，在运动时，体内的废弃物、皮肤里的毒物能通过汗液排出体外，可以使青春痘减少。

（5）保持开朗的心情，注意休息。心情好，病就少，这是很有道理的。很多青少年因为孤僻、抑郁，把什么事情都埋在心里，不愿意跟别人说，导致烦恼无法及时发泄出去。有人说，烦恼也是一种病毒，如果不将它发泄出去，留在心里就会影响身体健康。正所谓“抑郁成疾”，也可能滋生皮肤疾病。

——爱你的妈妈

男孩子的乳房也会增大吗

进入初中以后，雨泽发现班里的女同学的胸部都隆起了，作为一个男孩子，他并不理解这一点。后来雨泽从妈妈那里得知那是一个正常现象，妈妈告诉他：“男孩子的胸部不会像女孩子那样。”听了妈妈这样说，雨泽窃喜，心想：女孩胸部那么大，活动起来多不方便，还是做男孩好。

可是有一天，雨泽高兴不起来了，因为他发现胸部有胀痛感，特别是乳头，似乎长大了。于是他把这件事告诉了妈妈，妈妈一看，果真发现他的乳房不太对劲，乳房鼓鼓的，像女孩子一样。妈妈吓了一跳，马上把雨泽带到医院检查。医生判断这是男性乳腺增生症。在排除了病理性因素后，医生认为雨泽的乳腺增生是青春期正常的生理性现象，没有必要治疗。

医生说：“青春期的乳腺增生和新生儿的乳腺增生一样，大多数属于自然现象，会自然消退，无须治疗。如果孩子出现这种现象，建议先检查，看是不是因为疾病引起的，如果非疾病因素，就不需要做治疗。”

乳房增大是女孩子进入青春期的一个明显特征。但是，大约有1/4的男孩，在13~16岁这个年龄段，乳房的一侧（少数是双侧）也会增大。增大的程度不等，通常是在乳晕下长一个硬块。此时，很多男孩会比较紧张，甚至担心自己是否会变成女的，其实这种担忧是多余的，男孩乳房增大也是一种生理现象。

乳房发育，原本是女性第二性征发育的显著标志。男性的乳房通常是呈不发育状态的，仅有一对较小的乳头及乳晕，相当不发达。为什么男孩子的乳房会增大呢？医学研究证明：乳房发育增大是由于体内雌性激素作用的结果。女孩子进入青春期后，由于卵巢的发育大量分泌雌性激素，使得乳房逐渐丰满。

男孩虽没有卵巢，但其肾上腺皮质部分和睾丸也会分泌少量的雌性激素，而且不同的男孩分泌的雌性激素量不同。有些男孩子分泌的量多，乳房也可以增大。这是一种暂时的现象，随着身体的发育，雌性激素水平下降，乳房又会恢复到正常状态。因此，大可不必担忧和紧张，也不需要任何治疗，大约增大持续一年左右就自行消退了。在个别情况下，男孩乳房增大持续不消或增大十分显著，可能有病理情况，应及时去医院检查原因，以便及时治疗。

妈妈最想对你说的话

亲爱的儿子：

有些男孩子在青春期会出现乳房增大的现象，这是由于内分泌增加造成的，男孩子们不必紧张。由于男孩子体内也会出现雌性激素，雌性激素作用到乳房，即会造成乳房增大，这是一种比较普遍的正常现象，不是病，更不是什么“变性”。

男子一生中，由于激素和内分泌的原因，有两个时期会发生生理性的乳房增大。第一时期是婴儿刚出生时，由于受到母体残留的雌性激素的影响，乳房会增大，一般持续1周到几个月后就会自行消退。

第二个时期是在青春期，这时男孩子的内分泌功能逐渐活跃，睾丸在大量分泌雄性激素的同时，也会分泌少量雌性激素。最初的时候，雄性激素的量远远超过雌性激素，以致雌性激素对男孩器官的作用不明显。一段时间后，有些男孩子的内分泌系统会发生暂时紊乱，雌性激素分泌量会相对较多，短时间性激素比例失调，使体内雌性激素水平一度上升，再加上乳房组织对雌性激素非常敏感，于是就会引起乳房增大。同时，与这一时期生长激素及肾上腺皮质激素增加对乳腺刺激加强也有关系。

青春期的男性乳房增大，大都表现为在一侧或两侧乳头或乳晕下有一个大小不等的硬块，一般为盘状，小者如樱桃，大者有半个核桃大小，直径为2～3厘米，边缘界限清楚，有胀痛和触痛感，甚至有乳汁样分泌物。有的人怀疑是肿瘤或其他病变，有的人怀疑发生了性的改变，为此惶惶不安。

其实，这是男孩子青春期的一种生理现象，多发生在13～16岁，发生率大约为40%～50%，一般维持1年左右，少数人持续的时间稍长一些。这种生理性乳房增大对健康没有损害，一般不需要任何治疗，随着内分泌功能的逐渐完善，便会自然消退。

如果男孩乳房增大特别明显，双乳似女孩般隆起后长时间不消退，则需去医院检查是否存在内分泌系统的疾病，如属病态，则应及时进行治疗。有些男孩比较肥胖，胸部皮下脂肪大量堆积而显得乳房肥大。只有通过科学减肥，乳房肥大现象才能相应减轻和消失。

——爱你的妈妈

为什么你的个头不高

远航已经上初一了，身高只有1.50米，跟同龄孩子在一起，就像一棵小树苗站在大松树旁边。更令他尴尬的是，有几个一起上小学的伙伴都比他高。

长得矮在很多方面总是不利的，比如，在运动会上，远航参加了100米和400米的比赛。100米比赛时，他与一个大高个在一组，起跑的时候，他凭借起跑反应快，遥遥领先，可刚冲出十来米，那位高个同学就超过了他，成为小组里的领头羊。远航急了，赶忙使劲往前冲，两腿迈得飞快，但是有什么用呢？他与高个的距离就像汽车的后轮和前轮一样，总是差一截。最后，远航得了小组第二名。400米也是这样，远航使出了浑身的劲，仍旧赶不上人家。究其原因只有一个：别人个高，迈一步顶你迈两步。

不但如此，个头矮还会经常被人笑话。在英语兴趣班上，人家都是1.60米的个头，有次一个同学站在远航身边，说："每当我站在你身边就会有一种优越感！"这句话引得大家哄堂大笑。数学老师叫远航"小萝卜头"。一次远航跟妈妈去购物，路上碰到妈妈的朋友，她对远航的妈妈说："你儿子也这么大啦？上四年级了吧？”“我都上初一啦！”远航在一旁叫起来。“啊！那长得不高啊！”

父母对远航的身高也很头疼。每次吃饭，他们都给远航夹许多菜，远航不肯吃，他们就理直气壮地说：“你个头那么矮，还不好好吃，不想长啦？”每次远航听了这话只好乖乖就范。

远航经常感叹：“我何时才能长高啊？”

生活当中，不少男孩因为个子矮而烦恼，严重的话还会产生自卑心理，没有勇气与同龄孩子交往，这种心理还会导致学习效率低下，整天郁郁寡欢，对未来失去信心。他们经常感叹：“为什么别人能长那么高，我却长这么矮呢？”他们觉得上天不公平，时常愤愤不平，他们甚至生父母的气，认为父母没有遗传给他好的基因。

其实，人的身高60%由遗传决定，40%由后天因素决定，后天的因素包括运动量、睡眠、营养等。先天60%的因素无法改变，只有好好把握后天的40%。根据遗传基因长高公式，一般青少年的身高会高于父母，但如果没有把握好后天40%的机会，就可能出现孩子比父母或同龄人个矮的现象。可以说，抓住后天40%的长高机会，同样可以拥有100%的理想身高。

青春期是男孩长高的冲刺时期，在这个时期，青少年的身体会发育起来，个头迅猛增高。如果想让自己拥有理想的身高，还要在以下几个方面做些努力，以配合身体的正常发育。

1.睡眠

睡眠质量差或睡眠不足会导致骨骼发育缓慢，个子矮小。美国和日本的科学家研究发现，人在睡眠时会分泌大量的生长激素，尤其是在22点～凌晨2点，这是生长激素分泌的最佳时期，因此，尽管青少年的学习任务繁重，也不应牺牲夜间的睡眠时间来学习，那样会在很大程度上影响身高的增长。一般学龄前儿童每天最好保证12小时的睡眠，7～13岁最好每天保证10小时的睡眠，13～15岁最好每天保证9小时的睡眠，15岁以上应保持7～8小时的睡眠。

2.饮食

饮食不合理，营养吸收不好，也很容易导致身材矮小。核酸、维生素类、氨基酸、钙、磷、铁、锌等微量元素是骨骼发育的后备原料，因此不偏食的孩子比较容易长高。著名的川田博士曾提出五大营养食品：牛奶、鱼类、胡萝卜、菠菜、柑橘等。另外，还有一个吸收的问题，这是长高的关键。有些父母知道补钙、铁、锌对孩子增高有帮助，就买很多相关的营养品让孩子服用，但孩子依然长不高，就是因为吸收不好导致的。

3.运动

生命在于运动，运动对身高的影响是毫无疑问的。适量运动有助于青少年骨骼的健康发育。何为适量？这就是说每个人的运动量不是相同的，原则上是指运动后不感觉骨骼酸痛就是适度。有些正处于发育期的青少年从事过重的体力劳动，如肩背重物、担水等，长此下去会压制脊椎骨的生长，故而对身高增长不利。还有一些孩子不顾一切，超负荷地运动，导致骨骼间压力增大，最终仍然未长高。另外拒绝参加任何运动也是错误的。在此建议青少年经常弹跳、跑步，这样有利于下肢的增长，经常引体向上、做单杠运动，这样有利于脊椎骨的增长，经常做体操、练武术、游泳、参加球类运动等，有利于促进整体的身高增长。

4.情绪

情绪会影响身高，性格内向的青少年，常因情绪低迷而致使体内代谢趋缓，体内对增高有利的成分就难以被利用，使身体发育缓慢；与之相反，性格暴躁的青少年营养成分代谢率超旺盛，体内对增高有利的成分也难被充分利用，同样使身体发育缓慢。因此，青少年要保持平和的心态，这对发育是很有利的。

5.尼古丁、酒精的影响

有些青少年染上了吸烟、喝酒等陋习，特别是在13～20岁，对长高有百害无一利。香烟中的尼古丁、焦油会抑制人体荷尔蒙的分泌，影响身高增长；酒精不仅会损害中枢神经，还能造成心脏、肠胃、肝脏的负担过重，同样对增高不利。因此，青少年要养成良好的生活习惯，不要吸烟、喝酒。

妈妈最想对你说的话

亲爱的儿子：

青春只有一次，千万不要因为个子矮而自卑，以至于忽视了年轻的快乐。现在你觉得身高令自己自卑，可是几年后等你再回头看时，就会发现那根本是微不足道的。

就个子高矮问题来说，妈妈认为你现在无须担心太多，因为你才刚刚发育，有些人发育早，长得比你高，而你发育晚，所以暂时比别人矮，这是很正常的现象。知道吗？青少年到20岁左右才停止发育，你还有很长的时间长高，因此，即使先天遗传因素不理想，你也可以在这段时间内通过改善外部因素来实现增高的目的。比如，积极参加运动、锻炼身体、保持合理饮食、注意休息等，对你身体发育都有帮助。

事实上，“矮”也没什么不好，“矮”就是“爱”呀！总览古今中外，许多伟人都很矮，这是因为上天是公平的，它为人们关闭了一扇门，同时也会打开一扇窗。上天没有让你成为高个，有可能会让你成为思想的巨人，从而使你变得更博爱。

辩证地说，矮个子是一种生理和社会现象，你走在大街上，会看到很多矮个子的人，他们不是一样快乐地生活吗？况且你永远不会是最矮的人。只要你不断学习，修炼良好的品质，就能让自己成为有魅力的人，那样你就会成为受欢迎的人。

——爱你的妈妈

男孩子的身高什么时候可以追上女孩子

这学期开学后，晓宇发现班上很多女孩子好像吃了特效增高药一样，身高呼呼地增加，站在那里比晓宇高出半头，比班上绝大多数的男孩子都高。而男孩子们似乎没有什么变化。他曾经神秘兮兮问过要好的女同学是不是真的吃了增高药，结果女同学不屑地瞄了他一眼就走开了。晓宇很不服气，既然没有吃增高药，凭什么她们比我们高啊？自己什么时候能比她们高呢？

其实，晓宇大可不必沮丧，也不必不好意思。人的身高是指从头顶到足底的全身长度，其增长规律与体重增长相似，年龄越小的时候，身高的增长就会越快，而一个人一生中出现的两个身高增长高峰期就是婴儿期和青春期。

婴儿期是指从出生到3岁为儿童身高第一个快速增长的时期。婴儿刚出生时平均身高仅为50厘米，最低不能小于47厘米，出生后1年，他们的身高增长为20～25厘米，满1岁以后，他们的身高一般不小于70厘米。出生后2～3年，他们的身高每年都会最少增长8～10厘米，满2岁的时候，他们的身高不小于80厘米，满3岁的时候，他们的身高不小于89厘米。3岁以后，孩子们的身高增长就会逐渐变慢，每年平均只增长4～7厘米。在这个时期，同龄的男女孩子的身高是没有太大的差异的。

从进入青春期开始，孩子们的身高增长就会进入第二个快速增长期。一般来说，男孩在12周岁左右的时候开始生长加速，14～15岁是他们的身高增长最快的阶段，16岁以后他们的身高增长速度就会减慢，到18～20岁时他们的身高就不再继续增长。而女孩子的生长突增的时间一般来说比男孩要早两年，她们会在10周岁左右的时候开始生长加速，然后在11～12岁进入身高增长最快的阶段，所以这时候她们的身高往往会超过同龄的男孩子。但是她们的身高增长开始的时间早，结束得也早，等到13岁以后，她们的身高增长速度就逐渐减慢，16～18岁的时候，她们的身高就不再继续增长。

总的来说，整个青春期男孩身高每年可以增长7～9厘米，甚至10～12厘米，总的增长量为25～40厘米；女孩身高每年可增长5～7厘米，最多9～10厘米，身高的总的增长量为15～25厘米。从中我们可以看出，男孩生长突增期间身高增长的幅度较大，这样，最后的结果就是青春期结束后，男孩的身高将明显超过同年龄的女孩，约比同年龄的女孩高10～13厘米。

妈妈最想对你说的话

亲爱的儿子：

从生理上来说，女孩子的发育一般会比男孩子早，她们在10岁的时候就开始发育了，而男孩子则要等到12岁的时候才开始。所以，小学五六年级的女孩子身高和体重会迅速超过同龄的男孩子，但这种现象是暂时的。由于男孩停止生长的时间较晚，整个生长期较长，并且男孩在生长突增期间增长的幅度较大，男女孩间的差别就越来越大。到成年时，男孩子的身高、体重明显大于女孩子，形成显著的性别差异。也就是说，只要健康成长，你最后的身高会超过大多数同龄的女孩子。

除了生理上的因素，外在的饮食、运动等也能使你长得更高。

第一，你要注意补充蛋白质。蛋白质是生命的基础，是骨细胞的增生和肌肉、脏器发育的基础和前提。你的生长发育的速度越快，你就越需要补充蛋白质，鱼、虾、瘦肉、禽蛋、花生、豆制品中都富含优质蛋白质，应注意多补充。另外，在5～10月，青春期的你要适当地多吃一些鸡蛋，因为每年的5～10月正是你的身高增长最快的时候，如果营养供应不足，就很容易发生软骨病和贫血，而鸡蛋含有人体必需的蛋白质、脂肪、糖类、维生素和无机盐等营养物，其营养价值非常高，一个鸡蛋的营养价值约等于250克牛奶，含有大量的钙、磷、铁和维生素D等可促使骨质钙化与造血的原料，而且非常容易被人体消化吸收。所以，鸡蛋是促进健康成长的最佳滋补食品。

第二，你要注意维生素和纤维素的补充。维生素是维持生命的要素，其中最重要的是维生素A、维生素B、维生素C，是人体生长发育所必不可少的。动物肝、肾、鸡蛋，特别是蔬菜中含有多种维生素、纤维素和矿物质，应多食用一些新鲜蔬菜。

第三，你要保证充足的睡眠。仔细观察的话，很多时候人们都会提到要保证睡眠，事实上，保证睡眠也是使人体长高的“营养素”。老人们说过：“人在睡中长。”就是因为睡眠不仅可消除疲劳，而且在你入睡以后分泌出比平时更多的生长激素，并且持续时间较长，非常有利于你长高。因此养成规律的生活习惯，保证充足的睡眠，是长身高时必须要注意的一点。

第四，要多参加体育锻炼。经常参加适宜长高和健脑的体育锻炼，能促使全身血液循环，保障骨骼肌肉和脑细胞得到充足的营养，使你的骨骼变粗、骨质密度增厚、抗压抗折能力加强。同时，运动也能促进生长激素的分泌，使骨骼、肌肉、大脑发育得更好。所以，只要条件允许，你应多参加适宜长高和健脑的活动，例如跳绳、踢毽、跳皮筋、艺术体操和各种球类活动等，也可以通过增高产品的辅助治疗与运动的有机结合实现增高的最佳疗效，不要因为怕累怕辛苦就逃避运动。

——爱你的妈妈

你怎么会突然长高了

程旭的爸爸在他刚刚上小学二年级的时候就买了一台电冰箱。当时程旭还小，站在那个电冰箱前，要比冰箱矮很多。程旭很不服气，自己怎么会没有冰箱高呢？没关系，妈妈说过，我会长大的，我要看看我到底会不会比冰箱高。为了看看自己什么时候能超过冰箱，每过一段时间，程旭就会跟冰箱比一下。上了初中以后，学习任务加重了，他有半年没有再注意自己的身高，结果等他再去比身高的时候，惊讶地发现自己已经比冰箱高出了几厘米，这两个月长的个子比以前长得都多，这下子程旭高兴坏了，不过，他又有点疑惑:“自己怎么会突然就长高了呢？”

其实，这一点也不奇怪，进入初中后，程旭之所以迅速地开始长个子，是因为他进入了青春期。要知道，青春期可是一个人一生中生长发育的第二个高峰期。进入青春期后，孩子们的生长发育会加速发展，其中最为明显的表现就是身高加速增加。

有人做过大量统计，最后发现孩子们在青春期发育前每年平均只长高3～5厘米，而进入青春期后，他们的身高每年至少要增长6～8厘米，有的甚至达到了10～11厘米。这是因为他们的下肢在这个时期迅速发育，躯干部也不断拉长，以至于在青春期结束的时候，他们的上肢已经增长了3倍，下肢也增长了4倍。因为在这个时期，人们的骨骼会迅速地拉长。

不过，人与人之间的身心发育的速度是不平衡的，有着巨大的个体差异。有的男孩子在刚刚进入青春期的一两年里一下子就增高了十几厘米，但以后就几乎不再增长了。这就是早发育型。还有一些男孩子都十四五岁了还没有太明显的身高变化，而之后，他们的身高就会持续地增加，甚至到了二十多岁了还在长个子，这类人的身高增长持续的时间非常长，其结果就是他们的身高很可能会超过原来那些早发育的孩子了。这就是晚发育型。

此外，随着身高的突飞猛进的增长，男孩子们的体重也会迅速增加。据统计：我国城市男孩子的体重增长最快的时间就集中在13～15岁这段时间内，平均每年增长5.5千克。等到15岁以后，他们的体重就没有太大的变化了。而这种体重的增加主要是因为骨骼变粗变长、肌肉变得发达、身体内脏的增大。当然，也有那种营养摄入过多而导致体重大幅度增加的现象，但这种现象往往是病态的，需要多加注意。

妈妈最想对你说的话

亲爱的儿子：

有时候，你可能会发现自己在梦中会从高处掉下来，孩子，不要害怕，那是因为你在长个子。你之所以会长高，取决于骨骼的生长发育，其中下肢长骨的增长与身高最为密切。也就是说，只有长骨中骺软骨细胞的不断生长，男孩子们才会长高。

钙、磷是骨骼的主要成分，所以，当你发现你正在长高的时候，你就需要格外补充钙、磷等矿物质了，5～10月要多补充牛奶、虾皮、豆制品、排骨、骨头汤、海带、紫菜等含钙、磷丰富的食物。另外，要到户外多晒太阳，增加紫外线照射的机会，以利于体内合成维生素D，促使胃肠对钙、磷的吸收，从而保证骨骼的健康成长。

——爱你的妈妈

你是不是得了巨人症

很多男孩都为个子矮发愁，但旭尧正好相反，他最大的烦恼就是个子太高了。他才上初一，就已经有1.8米了。

个子太高确实有很多不便，烦恼也随之而来。因为长得快，旭尧的许多好看的衣服都穿不了，浪费了很多钱。旭尧的脚也特别大，不到42码的鞋他根本穿不进去。特别是到了冬天，他到亲戚家玩时，每次只能穿最大的拖鞋或者穿鞋套。看着人家穿着舒适的棉拖鞋又方便又暖和，旭尧羡慕极了。唉！都怪自己的脚太大，再追究下去，就得怪自己的个子太高了。

个子太高的烦恼不仅如此，有时甚至会伤旭尧的“自尊”，闹出了不少笑话。有一次在公交车上，一个男孩对旭尧说：“叔叔，请让我坐一下好吗？”旭尧朝那个孩子看了一眼，没有理他，男孩又说：“叔叔，请让我坐一下好吗？”旭尧问：“你是在叫我吗？”他说是。这让旭尧感到好笑又生气，心想我比你大几岁啊！

唉！都是个子高惹的祸啊，旭尧真的希望自己不要再长了。有时候他真的担心自己会得巨人症，生怕今后太高了对自己不利。

在体育竞赛中，我们总能见到一些个头超过2米的运动员，他们是得了巨人症吗？其实身材高大和巨人症是两码事，患有巨人症的人，是因为脑垂体瘤引起生长激素分泌过多造成的。而身材高大的人，多与先天遗传、后天营养、运动有关，比如篮球巨星姚明就是受遗传因素的影响，才会长那么高的。是否得了巨人症，要由医生来确定，自己是很难判断的，因此，不要因为个子高就胡思乱想，以为自己得了巨人症。

现代生活水平不断提高，营养条件好，使得年轻一代比父母长得高大，这是正常现象。由于受遗传因素而身材高大的人，大都不会像得了巨人症的人那样行动不便，他们行动灵活，不存在任何不舒服的感觉。因此，如果你的身材高大，并且有不适的感觉，要到医院检查；如果不是巨人症，你就不必为身材高大而烦恼。

妈妈最想对你说的话

亲爱的儿子：

人人都说个子高好，可是我发现你并没有因为个子高而感到骄傲，我发现你反而经常为此烦恼，是吗？其实你有这种烦恼妈妈很理解，个子太高确实会给你的生活带来很多不便，比如坐公交车时，头经常会碰到栏杆，买裤子老是短一截，在学校总是坐在最后一排，床太短了，你的腿总是露在外面，特别是冬天，你只能蜷着腿睡觉，那样让你感到很不舒服。于是你在生活中表现出这样一种姿态，在与人交往的时候，你总是弓着腰，进门的时候不敢站直，上课的时候几乎趴在桌子上了。你很想让自己看起来矮一点，是吗？

妈妈想对你说的是，首先，你的身材高大不是得了巨人症，所以你不必忧心忡忡；其次，你的身高是很多人羡慕的，特别是那些矮个子的孩子，他们渴望拥有你这般身高，所以你也应该为自己感到高兴。另外，妈妈想要提醒你的是，站立或坐下的时候，不要弯腰驼背，如果你经常这样，你就会真的显得委靡不振，知道吗？爸爸妈妈会想办法尽量让你减少因为身高而带来的不便，比如，给你换一张够长的床，让你不再为此担忧。

——爱你的妈妈

“竹竿”身材正常吗

小阳15岁了，他平时吃饭很正常，性格很好，睡眠正常，个子也高高的，很少感冒上火什么的，但是很瘦，而且是非常瘦的那种，看上去就像是一根竹竿一样。有人说瘦瘦的不是好买衣服吗，可问题是太瘦了话不管穿什么衣服都会像竹竿上挂了一件衣服一样，一阵风吹来，衣服就会随风摆，小阳就是这样。同学也常常取笑他是瘦竹竿，风一吹就跑。吃饭的时候妈妈会做很多菜让他吃，不管他是不是吃饱了。如果他抗议，妈妈就会斜着眼睛说：“赶紧吃，瘦得跟猴子一样，你真想变成猴子啊？”他很苦恼，也去医院检查过，医生说他很健康。为了让自己长胖一点，小阳没少努力，他不挑食，还特意吃完就睡。有人说运动可以让自己变得健壮，他还每天都坚持运动一两个小时。可是很长时间过去了，他还是那么瘦。他的弟弟虽然只比他小一岁，也是个子高高的，但是身材特别匀称，肌肉也非常发达，力气很大，同学都羡慕不已，而且从小学四年级开始一直到现在，弟弟都是学校里的体育健将和体育明星。有时候看着镜子中的细溜溜的自己，再想想健壮的弟弟，他都不知道怎么办好。

在青春期，孩子很容易因为身材的突然拔高而使得身体来不及吸收足够的营养，而出现竹竿身材，给人一种单薄的感觉。竹竿身材不是病，但是会给那些在意身材的男孩子带来一些困扰，使他们专注于自己的不完美的身材而影响到健康心理的形成。

其实，一个人胖还是瘦并不重要，重要的是健康与否。只要健康，瘦一点也是没有关系的。故事中的小阳虽然瘦，但是他吃得很好、精神很好、玩得好、睡得好、智力正常，而且很少生病，身体检查基本达标，属于非常正常的范围，所以也是不必太担忧的。

妈妈最想对你说的话

亲爱的儿子：

妈妈知道你很为自己的瘦担心。妈妈要告诉你，比胖瘦重要的是健康，只要健康，胖一点瘦一点其实都是没有什么关系的，不必去强求，顺其自然就可以。当然，在生活中，注意一些小问题，你会变得更强壮。

第一，进食最好能定时定量，每日三餐每餐间隔4～5小时，使自己产生正常的空腹感。此外，饮食一定要规律。不能想吃了就吃很多，不想吃就一天只吃一顿饭。食欲是受人自身的生物钟的控制的，如果应该进食而不进食，就会损伤胃黏膜；如果不该进食而进食，就会使人产生厌食感，影响消化液分泌。你常常会因为早晨睡懒觉而不吃早饭，这样可能会因为不吃早饭而引起身体营养不良和新陈代谢紊乱，导致结石症病的发生。

第二，你还要保证充分的蛋白质供应。一般来说，男孩子蛋白质的需要量，平均每天为80～90克，而女孩子则为75～80克。

第三，要有足够的热量补充，这一点对男孩子来讲尤其重要。青春期是身体快速发展的时期，需要补充大量的热量，而男孩子的活动量比女孩来说更大，更需要保质保量的饮食。

第四，为了保证骨骼的发育，还要摄入足够量的无机盐，如锌、铁、钙、磷和碘等，以免发生软骨病、骨质疏松病等。特别是处于青春发育高峰的男孩子，因为骨骼飞速增长，需要补充大量的钙和磷。

第五，控制零食，不要吃太多零食、饮料等。果汁型饮料中糖分含量较高，很容易腻胃滞脾，影响正常进食。

第六，多进行体育锻炼，适当增加户外活动的时间，参加力所能及的劳动及轻微的家务，积极参加体育锻炼，可消耗能量，促进消化液的分泌，增进食欲，促进食物的消化吸收。

第七，你可以适当地在饭前吃点山楂等酸性水果，以刺激胃液的分泌。必要时还可口服食母生、多酶片等帮助消化。 但是千万不要乱吃补品。人体自身一般都具有自我调节的功能，当身体在某一段时间内难以调节时，补品确实可以发挥作用。但乱吃补品就会打破自身的平衡，补身体不成，反而补出了毛病，造成人体代谢紊乱，抑制了人体的正常功能，导致不必要的功能退化。

——爱你的妈妈

床单上怎么湿湿的

伟伟是初一年级的孩子，每天早上都是妈妈叫他起床，然后妈妈帮他叠被子。有一天，他从睡梦中醒来，发现内裤湿漉漉的，他打开灯，不由得大惊失色，内裤上湿湿的，被单上也湿了，难道是自己尿床了吗？他把内裤拿起来闻一闻，不对，气味不像是小便，有严重的腥味。他害怕极了，一晚上没睡好，第二天早上他很早就起床了，把被子叠好，把内裤藏在床底下，随便洗漱了一下就上学去了。

伟伟的举动引起了细心的妈妈的注意，妈妈来到他的房间，发现了儿子的内裤以及床单上的“地图”，这时她全明白了。于是妈妈把儿子的床单换了，把儿子的内裤洗了。晚上儿子回家后，妈妈坦诚地跟儿子谈了这个问题，消除了儿子内心的不安。

伟伟碰到的问题就是遗精，遗精是指不因性交而精液自行泄出的现象。在中医上，精液自遗现象被称为遗精或失精。有梦而遗者名为“梦遗”，无梦而遗，甚至清醒时精液自行滑出者为“滑精”。

遗精是一种正常的生理现象，是男性生殖腺开始成熟的标志。男孩到10岁左右，开始迈向青春发育期，一般在13～15岁，在没有性交和手淫的情况下可能出现自发的射精。比如，有些男孩在白天清醒的状态下射精，称为“滑精”。大多数男孩在夜晚睡醒中出现射精，叫“梦遗”。

为什么会遗精呢?因为男孩随着性发育的成熟，开始产生带有精子的精液。在精液达到一定量时，体内已无处可容，就以遗精的方式排出体外。据调查，97%的男子到了18岁时都发生过遗精。首次遗精发生后，男孩的体格发育逐渐完善，生长速度开始减缓。与此同时，睾丸、附睾及阴茎却在迅速成长，接近成年人的状态。

当代医学认为，遗精在某种程度上对解除人体内积累的性压力有帮助，从而在生理上达到一种平衡。遗精常常与一些跟异性接触的梦有关。由于性知识的缺乏，男孩儿发生遗精后往往在心理上产生紧张或羞涩感，生怕别人知道，这种情绪是大可不必的。

此外，男子在运动后比较容易遗精，这里主要有三种原因：

第一，运动使血液循环加快，各器官系统的功能亦随之增强，生殖器官也不例外。运动后，流经睾丸、前列腺、精囊的血液增多。精液增多，遗精次数也会随之增加。

第二，体育运动之后，中枢神经系统的反射活动和植物性神经的功能也会增强，勃起中枢的兴奋性增高，容易引起性的神经反射，导致性器官充血，产生性冲动，于是便出现遗精。

第三，有的男孩由于穿紧身的运动衣裤，或因某些运动器械较长时间的刺激、摩擦，运动后过度疲劳，被子盖得太暖等原因，也会诱发性的冲动，造成遗精。

总之，如果你在运动后遗精次数稍有增加，千万不要慌张，因为这不是病态，也不是体虚的表现，不必担忧。

妈妈最想对你说的话

亲爱的儿子：

当你发生遗精时（可能当时你并不知道那是遗精），有可能感到惊慌失措，害怕妈妈发现了，其实这是没必要的。今天妈妈要告诉你的是，遗精是男孩子因为身体发育而出现的一种正常的生理现象，是每个男孩子成长过程中都要经历的，也是每个成熟男性都要面对的，所以完全没有必要难为情。

爸爸妈妈是你最亲近的人，也是最有责任了解你身体发育状况的人。所以，你不仅没有必要害怕爸爸妈妈发现，而且还应主动把这个消息大大方方地告诉我们，让我们知道你已经长大了。当然，如果你真的不好意思和妈妈说，跟爸爸说也可以啊，或者你可以给爸爸妈妈写个纸条。

不过有个现实的问题妈妈必须告诉你，就是因为遗精弄脏了内裤、床单怎么办呢？首先，你没必要对爸爸妈妈躲躲闪闪，因为这是一个正常现象，没什么羞于启齿的。另外，只要用洗衣粉浸泡床单、内裤，就能将上面的斑渍清洗干净了。

妈妈还建议你，如果想减少因为遗精弄脏内裤、床单所带来的麻烦，睡觉之前你可以在床上准备一些干净的卫生纸、小毛巾等，以备“应急”使用，这样就不会陷于被动了。你要知道，爸爸妈妈都是开明的家长，只要你有不懂的问题，都可以问我们，特别是应该问爸爸，相信你们男子汉之间的对话会更加轻松，还可以增进父子感情，你说是不是呢？

妈妈想提醒你的是，虽然遗精是正常的生理现象，不是人的主观意识可以控制的，但是人的意识、情绪、卫生习惯等，对遗精会造成一定的影响。如果你能在心理、卫生习惯等方面注意一些问题，还是可以减少遗精次数的。

(1) 正确认识遗精，它是正常的生理现象，是正常发育的标志。认识了这一点，你就不会因为遗精而害羞、担心、紧张，不会背上心理包袱了。与此相反，一提起遗精就害怕、焦虑，反而会因为心理负担过重，产生害怕、焦虑等不良情绪，最后造成恶性循环——你越怕，它越来。

(2) 在你们这个年龄段，学习任务非常重，而身体上的变化以及发育过程中遇到的问题会影响你的情绪。所以妈妈建议你有意识地培养多方面的兴趣，努力把注意力集中到学习上，多参加文体活动，养成良好的生活习惯，少看或不看那些性刺激的书籍、电视节目，不听淫秽故事，这样可以减少你遗精的次数。

(3) 养成良好的生活习惯，比如睡觉前不要过分饮水，避免膀胱充盈；睡觉时不要盖过厚的被子，不要穿紧身内裤；每天清洗阴部，减少因为外阴刺激引起的遗精。

总而言之，你既要用正确的态度对待遗精，不必紧张、焦虑，又要努力在心理、生活习惯方面减少负面影响，这样做才是有利于健康成长的好办法。

——爱你的妈妈

“流白”是怎么回事

这几天洗澡的时候，晓磊发现了一个奇怪的现象：内裤上有白色的痕迹，与遗精所导致的结果有些不同，再说了，晓磊并没有感觉到遗精，为什么会这样呢？一时间，晓磊充满了困惑。

一天换完内裤后，晓磊又发现了同样的问题，他不好意思地对妈妈说：“妈妈，你洗衣服的时候，注意一下我的内裤上，看看那是什么东西，然后告诉我啊！”说话间，晓磊的语调在颤抖，他总觉得这类的问题是难以启齿的。

后来妈妈告诉晓磊，内裤上的东西叫“流白”，是从尿道里流出来的乳白色的分泌物，是正常的现象，只要注意休息，调节心情，不要受到性刺激，很快就会好了。听了妈妈的这番解释，晓磊长舒了一口气。

不少男孩到青春发育期后，在受到意识及视听上有关性的刺激或局部接触时，均可出现由尿道口流出少许清亮或略带乳白色分泌物的征象（俗称“流白”，医学上称为尿道滴白）；还有一种“流白”发生在大便过程中，尤其在大便秘结、用力排便时更为明显，可见到尿道口流出几滴乳白色的液体。有人以为这是“漏精”，因“肾亏”所致，事实上并非如此。

男性的尿道是排尿和排精的共同通道。青春发育期后，尿道后端膀胱颈处的前列腺分泌一种乳白色的黏稠液体，叫前列腺液；前列腺液同粗囊腺、尿道旁腺等分泌的液体共同组成的腺液，有营养精子、增强精子活动能力及润滑等功能。当男子在受到种种有关性的刺激时所出现的“流白”现象，便是上述腺体分泌的腺液。若受到刺激后阴茎海绵体充血、阴茎勃起时，所分泌的会更多。这完全是一种正常的生理反应，其作用是为了润滑生殖器，有助于进行性活动，这种分泌物不是精液，里面没有精子。

前列腺、尿道球腺和精囊腺等腺体位于盆腔底，与直肠肛门接近。一般情况下的正常排便由于无须过分用力，故较少出现“流白”现象。若在大便秘结、用力解便等情况时，由于腹肌强力收缩，直肠会发生强烈的蠕动，加上大便通过时对肠壁的挤压和扩张，无异于对直肠邻近的前列腺等腺体进行了一次挤压与按摩，于是“囤积”在腺体中的分泌液有一部分会被挤入尿道，由尿道口滴沥而出，于是出现了大便时尿道口“流白”的情形。

因此，发育中的青少年“流白”是不足为奇的，它对健康、生活和学习都不会有什么影响。即便是偶尔出现了遗精，也是一种“精满即溢”的正常生理状态。

妈妈最想对你说的话

亲爱的儿子：

男性受到有关的性刺激，无论是意识、视听或局部接触等，都可能导致尿道口流出少许清亮的分泌物，这就是俗称的“流白”现象，而不是遗精。它是由尿道球腺、尿道旁腺所分泌出的一种液体，其中主要是位于阴茎内的尿道旁腺的分泌物。

流白有正常和非正常之分，正常的流白现象是由这么两种情况导致的：一种是由于阴茎海绵体充血，阴茎勃起压迫尿道旁腺，促使其分泌没有精子的分泌物。这完全是一种正常的生理反应，其作用是润滑龟头，有助于进行性活动。因此，千万不要误以为流白是病态。

还有一种流白现象也很正常，即在大便的时候，尤其有的男孩在大便干燥用力排便时，可以见到尿道口流出几滴乳白色的清亮黏液，这也是尿道球腺和前列腺的分泌液，不要误以为是漏精。

当然，有的流白是不正常的现象，那就是在患前列腺炎时，由于炎症造成前列腺分泌液异常，当有局部的刺激时，就会出现大便时和排尿后流白现象。这种流出的液体可能量较多，而且较混浊，次数也较多，与正常流白不同。如果出现这种情况，就需要到医院进行检查。

还有一点需要注意，有的男孩认为流白是肾亏的表现，这其实是一种误解。流白和遗精是附属性腺分泌液与精液在正常生理范围内所排出的，是一种正常生理现象，不是病态，也不能反映肾气强弱的变化，所以不要胡思乱想，把流白和肾亏联系起来。

——爱你的妈妈

精子是什么

一天早上，晟睿醒来的时候发现内裤湿了，这时妈妈正好过来帮他叠被子，从小与妈妈无话不谈的晟睿说："妈妈，我好像尿床了。"妈妈摸摸床单，并未发现床单湿了，这时晟睿诡异地笑了："妈妈，我把裤子尿湿了。"妈妈笑着说："都12岁了，一点都不害臊！"说完把儿子脱下的内裤看了看，才发现那不是尿床，妈妈说："傻孩子，这哪是尿床啊？这是遗精，说明你长大了。"

晟睿挠挠头，不解地问："遗精是什么？"

"遗精就是男孩子进入青春期的一种表现，说明你已开始发育了。"

"什么是精子？"

“精子是由睾丸产生的……”

妈妈耐心地为晟睿讲述精子的知识，听完后，晟睿脸羞红了，对妈妈说：“哎呀，我是男人了，以后不要跟你说这些事情了……”

精子由睾丸产生。精浆由前列腺、精囊腺和尿道球腺分泌产生。精浆内含有糖和蛋白质，是精子的营养物质。另外，精浆中还含有前列腺素和一些酶类物质。正常的精液呈乳白色或淡黄色，每毫升精液中的精子数一般在6000万～2亿个。有活动能力的精子占总数的60%以上，畸形精子占总数的10%以下。在室温下精子活动力持续三四个小时。

精液由精浆与精子构成，精子由睾丸产生，精浆由前列腺液、精囊液、附睾液和尿道球腺分泌的少量液体一起组成。精浆是输送精子的必需介质，并为精子提供能量和营养物质。

精液刚排出时呈胶冻样的半流体，精液呈黏性，乳白色，含有灰白色凝块或形成胶冻状，约10～20分钟后凝块自行液化，变成半透明、混浊的稀薄黏液。

精液呈灰白色或稍带点土黄色，如果禁欲时间较长，由于理化性质改变，颜色会黄些。这都是正常的。精液具有一定的黏稠性和臭味，反应为碱性。

异常的精液包括：精液呈乳白色或略带黄绿色，表明生殖道内有炎症，很可能是前列腺和精囊的化脓性感染。精液呈红色，表明精液中含有红细胞，通常称为“血精”。血精多数由精囊炎或前列腺炎所致。这类由炎症引起的血精多为淡红色。如果因血管畸形引起小血管破裂，血精呈鲜红色，并见有血凝块。

精液的主要成分为水，约占90%以上。有形成分中，除成熟精子外，尚有1%的其他细胞，如未成熟的精原细胞、精母细胞以及生殖管道脱落的上皮细胞和少量白细胞，在病态的精液内这些细胞的含量可达30%以上。除细胞外，精液内还含有脂肪及蛋白质颗粒、色素颗粒、前列腺液的磷脂小体、无机盐、酶类、乳酸及果糖等。

在精液的无机盐中钙的含量较多，每100毫升中含有21～25毫克。此外，还包括镁14毫克/100毫升，钾5.6～10.7毫克/100毫升，锌5～23毫克/100毫升。有人认为大量的锌由前列腺分泌而来，经证实精子本身也储存大量锌。这些锌小部分赋予碳酸酐酶活性。人体精液中大部分锌与蛋白质结合存在，在酶类中主要含有酸性磷酸酶、乳酸脱氢酶及透明质酸酶等。精液中的果酸则有助于精子的活动。每100毫升精液中含有果酸91～520毫克。由于精液果酸的含量可以反映睾丸内分泌功能，因此也有人用测定精液果酸含量来间接了解睾丸内分泌功能的情况。

妈妈最想对你说的话

亲爱的儿子：

一般来讲，正常的精液应该呈半透明蛋清样乳白色。久未射精的人的精液可呈淡黄色，且较黏稠。如果生殖道有炎症，精液可能会呈黄色，显微镜下可见大量脓球。

精液中的精子和女性的卵子结合，用来繁衍后代，这就是精液的唯一的功能。生活中，有些人对精液有错误的认识，中国传统思想认为，精液是男子的“宝”，不能随意流失，否则会造成精液枯竭而死，有人甚至提出“一滴精十滴血”的说法。正因如此，很多人才会以为自慰、遗精会造成精液耗损和肾亏，给自己带来不必要的精神负担。这是没有科学道理的，希望你不要受到误导。

——爱你的妈妈

“一滴精等于十滴血”，是这样吗

一天在放学回家的路上，健聪和慧明两人边走边聊，不知怎么的，他们聊到了精子这一话题。健聪：“都说精子很宝贵，遗精会不会很可惜啊？”

慧明笑着说：“你知道精液宝贵，为什么还让它流出体外呢？”

健聪说：“有时候我们控制不了啊，比如晚上做了性梦，突然遗精了，或者性冲动、烦恼的时候，忍不住手淫了，这样对身体是不是非常有害啊？”

慧明说：“这是肯定的，知道吗？我听人说一滴精等于十滴血，精液损失，会使元气大伤，弄不好会短命的。”

健聪听了这话，非常慌张，因为昨天他就手淫了，忙问：“这是真的吗？”

健明说：“当然是真的了，所以千万要小心啊，不要让精子流出体外。”

回到家里，健聪两眼直发呆，做作业也没有心思，妈妈看出他有烦恼，就问道：“聪聪，你怎么了？看你心不在焉啊！”

健聪说："妈妈，刚才在回家的路上，我听同学说一滴精等于十滴血，这是真的吗？"

妈妈笑着说："谁说的啊？这是误解啊，以往古人有这么个说法，但现代科学研究表明，这种说法完全没有科学性。比如遗精、适当手淫，都是正常的，因为精满自溢，溢出来所损失的精液会及时补充。所以你不要担心这个问题，放松心情吧！"

听了妈妈的话，健聪好像吃了一颗定心丸，心情平静了很多。

古代民间曾流传"一滴精等于十滴血"的说法，人们把精液看得十分宝贵，认为"十滴髓生一滴血，十滴血生一滴精"，如果精液损失，就会元气大伤，会使骨髓空虚，精髓枯竭，短命早逝。所以，要保护好精液，尽量不要让它流失，才能使人健康，延年益寿。

实际上，血液和精液之间并无关系，因为两者都可以很快地由身体的有关分泌腺分泌出来。事实上，只要分析一下精液的成分，就明白了精液并非什么无价之宝。

精液里，除了精子，其他的部分叫做精浆，精浆的成分与血浆相比没有太大差异，除了90%的水分外，还有极少量的蛋白质、糖、微量元素等物质，所以，一滴精等于十滴血的说法是不科学的。

妈妈最想对你说的话

亲爱的儿子：

当你进入青春期后，就会出现遗精等现象，如果不幸受到"一滴精等于十滴血"这种错误言论的影响，势必会因为遗精、手淫而惶恐不安，这会使你整日忧心忡忡，没办法快乐地学习和生活。

妈妈想告诉你的是，精液确实是人体宝贵的东西，但是并非"一滴精等于十滴血"，男子遗精不会伤元气、折寿命。遗精，是指在没有性交的情况下发生了性冲动，并且排出精液；或未产生冲动，也没有手淫，而是自然射出精液。

医学专家表示，很多青少年对遗精不太了解，当出现遗精现象后，他们会有一种恐惧感，甚至产生头晕、无力、心悸等症状。专家指出，从中医的角度看，进入青春期后，男性逐渐发育成熟。在没有正常性生活的情况下，偶尔出现遗精，是“精满而溢”的正常表现。当然，如果次数过多，并伴有其他症状时，可能是一种病态，应及时到医院检查。

事实上，遗精不会损伤元气，反而有助于精子的新陈代谢，可进一步提高精子活力。因此，没必要因为遗精而心神不宁。

——爱你的妈妈

遗精是肾虚的表现吗

自从进入青春期以来，小舟就经常出现遗精的现象。有一天早上，他起床后又一次发现床单脏了，他开始有点害怕，因为他记得这是这个月的第二次了。而且，平时，他的尿道口也会流出一些清亮的分泌物，妈妈说这是流白，这应该也是遗精。他曾经听大人们说过一滴精十滴血，人如果气血不足就会肾亏，现在自己这样都不知道损失了多少滴精了，自然也就失去了大量的血液，时间长了，自己肾亏了怎么办？

所谓遗精，是指在非性交的情况下生殖器将精子和精液排出体外的一种现象。 遗精有两种：一种叫梦遗，另一种称滑精。一个处于睡眠状态中的人，在做有关性活动“艳梦”的同时出现遗精现象，称为梦遗。如果在白天，在意识清醒的情况下，由于看了带有性色彩的书刊、画册或影视片以后，大脑中的性中枢神经过于兴奋，此时虽然缺乏性活动，有时候也有精液遗出，这种情况是滑精。

同样的，尿道口流出的流白是尿道球腺、尿道旁腺、前列腺所分泌出的一种附属性腺分泌液排出的，是一种正常生理现象。

但对于这种生理现象，很多男孩子和父母感到十分紧张。他们认为，之所以会出现梦遗，乃是“肾亏”的表现。事实果真如此吗？

其实不是的。“梦遗就是肾亏”的说法不过是受到古典医籍对精液的重要性过分强调而起的。古典医籍认为，“精、气、神乃人之三宝”，且把“精”放在首位，认为“精”是人体最宝贵的物质，平时贮藏于肾。如果肾气不足，肾门便关闭不紧，精液外流，就是“肾亏”。实际上，这是古代医学受到历史条件的限制而形成的一种片面的认识。

其实精满则溢的遗精犹如膀胱满了就得排尿一样，完全是一种正常生理现象，何必要自寻烦恼呢?人们并没有因为排尿而感到失去体内精华而紧张不安，那么，对于偶尔一次的遗精又有什么值得惊恐的呢?问题的关键在于我们对人体的性生理知识了解得不够，从而盲目地背了“精神十字架”。因此，要正确对待遗精，不看带有性刺激的杂志、书刊、影视片和录像。如果在一段时期内遗精次数过多，可通过中医辨证施治。经过一段时间治疗后，梦遗次数会减少的。因此，对于梦遗，大可不必有思想负担。

而流白更是一种正常的生理反应，其作用不过是为了润滑外生殖器，有助于进行性活动。它不是精液，它是一种正常的生理反应所产生的分泌液，千万不能误认为是病态。

总之，精液不会枯竭，正常的精液排出不会引起肾亏。不过需要注意的是，任何人都不能违背自身的生理活动规律，纵欲无度是会戕害身体的。

妈妈最想对你说的话

亲爱的儿子：

实际上，遗精和流白的出现，是男孩子进入青春期的标志之一。睾丸每天要生产出几亿精子，这些精子储藏在附睾中。附睾的容量是有限的，而精子却是不断地被生产出来。当附睾容纳不下精子和精液时怎么办?它就向大脑发出信号。如果遇上足以能引起“射精中枢”兴奋的性刺激时，所有的“射精器官”便一起有规律地收缩，于是，精子射出体外。

到了青春发育期，男孩性机能开始成熟，但是，尚未到法定的结婚年龄，经济条件、社会地位和对未来家庭的责任能力都不能允许他们建立家庭、开始性活动，于是，有的人便通过手这个“自慰性行为”来解除“性饥饿”。此外，在睡眠中，由于大脑接到“附睾已容纳不下精子”的信号，便通过做性梦的方法使精液排出体外；或者，白天看了带有性内容的书刊、影视片后，引起了射精中枢兴奋，使精液排出体外。这种表面看来是梦遗和滑精，实质上还是“精满自溢”的表现。这种情况，和杯子中的水太满了便发生外溢的道理是完全一样的。所以，遗精并不是肾亏的表现，恰恰相反，正是肾气充足的表现。流白也是如此，它们既不是病态，也不能反映肾气强弱的变化，所以不要胡思乱想，把流白和肾亏联系起来。

不过，如果整日沉溺于黄色书刊的色情描写和有关"性"情节的影视剧以后，性中枢便一直处于兴奋状态。俗语说，"日有所思，夜有所梦"，白天性中枢过于兴奋，到了晚上便容易做性梦，于是出现梦遗。梦遗次数过频也会影响人的健康，使人觉得疲劳乏力、头晕目眩、耳鸣心慌、腰酸脚软、精神萎靡不振、记忆力减退、注意力不集中等。所以，在日常生活中，你要养成良好的生活习惯和欣赏品位。

——爱你的妈妈

为什么你觉得阴茎短小

鹏飞家离学校较远，因此在学校住宿。有一天，他和同学黎强去澡堂洗澡，当他们脱光衣服在喷头下洗澡时，鹏飞发现黎强的阴茎很长很粗，而自己的阴茎显得又小又短。虽然黎强没有注意到这个问题（或者说注意到了但并未说出来），但鹏飞还是觉得很自卑。

后来还有几次，鹏飞去澡堂洗澡的时候注意过别人的阴茎，发现大多数人的阴茎都比他的阴茎大，从那以后，每次洗澡的时候，鹏飞都显得极不自然，躲躲闪闪，目光漂浮不定。终于有一天他再也没有勇气去澡堂了，他宁愿花钱去学校附近的浴室洗澡，因为那里有单间。

鹏飞很关心阴茎的大小，经常在房间偷偷地量阴茎的长度，多次测量之后，鹏飞发现自己的阴茎在疲软的时候是5厘米，在勃起状态下有11厘米，得出这一结论后，他又上网搜索正常阴茎的大小。不过让他感到失望的是，似乎他的阴茎真的偏小了一点，尤其是常态的时候显得很小。所以，他上卫生间的时候，即使是小便，也要到大便的地方去解决，或者等没人了再去。

调查显示，许多男性都对阴茎短小这一问题存在顾虑，或者说因为阴茎短小而感到烦恼、自卑，这种情况会造成婚后性生活出现心理障碍。为什么他们会存在这种心理顾虑呢？为什么觉得自己阴茎短小呢？主要有以下几个原因：

第一，通过与别人作比较，觉得自己的阴茎比别人小，就认为自己阴茎短小。其实身体各部分的发育与遗传因素有着密切的关系，人与人之间有明显的差异，就像有的人身材高大，有的人身材矮小一样，不能千篇一律按照一个标准去要求，否则当然会觉得自己阴茎短小了。实际上，不论身材高大，还是身材矮小，只要健健康康就行了。阴茎也是这样，不论长还是短、大还是小，只要功能正常，就没必要因此忧心忡忡。

第二，测量的方法不对。正确的测量是在阴茎疲软的状态下进行的，测量时室内的环境宜温暖，心情应保持平静，充分休息之后再测量。测量时，用手将阴茎托平，量尺一端稍用力顶住耻骨前方，另一端以阴茎头尿道外口处为准，所得出的数字就是阴茎的常态长度。有些人在测量的时候，精神非常紧张，或者当时的天气比较寒冷，阴茎就处于明显收缩的状态，当然测量就显得小了。

第三，不了解阴茎在疲软状态下的长度与勃起时的长度并不成正比，也就是说如果阴茎疲软时较大，那么勃起之后增大的比例就小，而阴茎疲软时较小，勃起后增大的比例大，所以最终两者勃起的长度差别不会很大。

第四，忽略了其他因素引起的阴茎短小。有些人的阴茎看起来比较短小，可能是因为隐匿性阴茎所致，即阴茎头部的皮肤直接与腹部相连，以致阴茎整体被包在皮下组织里，这样阴茎看起来就特别小。这种情况只需通过整形手术，将阴茎从皮肤中“解放”出来，就可以恢复正常的长度。

妈妈最想对你说的话

亲爱的儿子：

你非常关心正常男性的阴茎长度。说实话，对于阴茎的长度和大小达到什么水平才算正常，国内尚没有统一的标准。许多资料报告表示，正常青年男子的阴茎在疲软时的长度为4～10厘米。可是阴茎从疲软状态变成勃起状态变化很大，因此只看疲软状态下的阴茎长短并不科学。

事实上，很多男孩子希望自己的阴茎粗大，是因为他们认为阴茎粗大，就代表性能力强，阴茎短小，性能力就弱。其实这是一种误解。打个比方，阴茎的大小就像人的身高一样，难道你能说身材高大的人一定比身材矮小的人聪明能干吗？这显然不是的，因此，阴茎粗大并不代表性功能强。

处于青春期的你或许经常忧虑阴茎的大小，其实没有多大的必要。首先你要明确的是，阴茎大小与性能力并不成正比。还有些男孩的阴茎向左或向右弯曲，其实这就像人的相貌不同一样，是很正常的，没必要大惊小怪。

年轻的你可能对性器官不太了解，时常不安，又因不安引起自卑，怀疑自己的阴茎太小、太短或者颜色太深等，这种自卑往往是自寻烦恼。如果你明白实际状况，就不会忧虑了。有些报道喜欢列出男性阴茎的“标准长度”，这种做法是非常不恰当的，尤其是“标准”两字，很容易让人产生误解，以为在标准之下，就是不正常。事实上，不管大小长短，只要功能正常，就是正常的。

——爱你的妈妈

阴茎会长到多长

铭铭进入青春期了，有一天他发现自己的小JJ似乎长大了一些。铭铭刚开始的时候没有在意，因为他知道班上的很多男同学都这样，他们说，这是长大的标志。但是时间一天天过去了，在后来的很长一段时间里，它都在长大，似乎没有停止的一天，铭铭开始有了疑问和担心，它会长多大呢？万一它不休不止地长下去，那最后大得不得了怎么办呢？不过，铭铭不好意思去问人，就只好自己在心里嘀咕。

阴茎的成长是青春期第二性征的特征之一，它的发育主要有四个阶段：

（1）妊娠第10～12周，阴茎刚刚分化好，只有3.5毫米长。

（2）妊娠的中后期6个月，阴茎生长速度很快，出生时已达2.5～3.5厘米，这时胎儿垂体开始分泌促性腺激素。

（3）出生后至青春期前（7岁左右），阴茎生长缓慢，这是因为下丘脑、垂体发育慢，睾酮水平也低的缘故。

（4）青春期开始后，垂体和睾丸激素分泌旺盛，阴茎迅速生长，仅5年左右就达到成人水平，增长增粗。当老年性激素水平显著降低或外科去势后，阴茎可继发性退化。

人的阴茎和身材高矮、胖瘦、五官大小等一样存在着众多的差别，长短不一，粗细不齐。

男孩子的阴茎一般会长到25岁左右，所以对于青春期的孩子来说，除非是病态的，一般不必担心或过分关注阴茎的长度，顺其自然即可。

如果没有时间和精力参加有规律的全身的体育运动，那么针对改善性能力的阴茎“锻炼”，无疑会让多数男子从中受益。

此外，对于男孩子来说，戒烟酒也是很重要的，因为烟草和酒具有生殖毒性，其中的一些有害成分会直接干扰到睾丸的生精功能和雄激素的分泌功能的正常发挥，长期吸烟、喝酒会导致男性不育。

妈妈最想对你说的话

亲爱的儿子：

关于阴茎到底会长多大，妈妈首先要告诉你的是，正常人的阴茎最后都能够满足正常的性需要和生育需要，更何况你现在正处于青春期，你的阴茎即使还小，你也有足够的时间等它长大。所以，对于目前的你来说，完全不必太担心。

此外，阴茎的长度就像人的长相和身高一样，是一个自然而然生长发育的结果，过分地关注它只会让你增加心理负担，而事实上，即使你不关注，它也会长到需要长的程度。所以，儿子，无须自寻烦恼，快乐地生活，快乐地学习吧。

——爱你的妈妈

青春期的生理变化是一个成长的过程，与其日夜烦恼和担心，不如快乐地生活，快乐地学习！

“小弟弟”为什么不听话

在一个为男孩子而设的青春期性教育的课堂上，老师让男孩们把自己勃起的经历讲出来，起初大家都不太踊跃。于是老师把自己念初中时的难忘经历讲出来：“它很有趣，总是在我站起来回答问题的时候，或是在黑板前解答题目的时候勃起。”听了老师的讲述，大家哈哈大笑起来，接着同学们一个接一个地讲述自己的勃起故事。

有个同学说：“我是去年才有勃起的，那年夏天我像平时一样到游泳池游泳，忽然看见一个非常漂亮的女孩游过来，于是我的‘小弟弟’就变硬了。我不敢立即出水，怕别人看到，于是我在水里拼命游，拼命想其他事情，过了几分钟它才软下来。”

水中的温度较低，让勃起的阴茎软化比较容易，但另一个同学就没那么幸运了。有一次，他打完篮球跑进一家音像店看录像，不小心看到了三级碟的封套，然后就想入非非，继而“小弟弟”勃起了。过了几分钟以后，他才意识到自己穿的是薄运动裤，没有穿内裤，他装作不经意的样子瞥了一眼下面，发现整根阴茎的形状在裤外清楚可见。当时他的脸涨得通红，连一步也不敢移动，窘了一分钟才记得放下手中的三级片VCD封套，静待它恢复平静。

还有一个同学曾经被捉弄：班里的男生带了黄色杂志来学校，在课间休息的时候故意叫他看，因为他好奇就看了，没想到同学们把他的手捉住，按在桌上，指着他勃起的地方大笑。很奇怪，经过了这一次，他反而觉得勃起是很自然的事情。

还有一个男生曾经为阴茎勃起感到烦恼，比如他看到自己暗中喜欢的女生或漂亮性感的女性时，阴茎就会不自禁地勃起，有时很兴奋，还会流出液体。曾经有段时间他觉得自己很下流，不敢去问父母，怕他们批评自己不专心读书，胡思乱想……

男孩子有时很尴尬，因为看到漂亮女孩的时候，“小弟弟”总是莫名其妙地勃起。越想捂住它，它就越不听话……这正常吗？很多男孩不禁发问，他们甚至有些恐慌，其实这是正常的现象。

正常的男性在一生中会勃起很多次，而一种叫做“自动勃起”的现象，是青春期特别的现象，即在没有任何碰触、没有任何性幻想的情况下，阴茎会突然勃起，完全出乎男孩子的意料。如果看到穿泳衣的异性或看见情色光碟而勃起，更是再正常不过的事情。相反，假如每次看到这类事物时都不勃起，恰恰应该引起重视，去医院检查一下。

进入青春期后，阴茎莫名其妙地勃起会给有些孩子带来心理压力，其实这是没有必要的。歌德曾说过："哪个少年不钟情，哪个少女不怀春？"可见，在青春期随着性意识的增强，男孩子出现性幻想是很正常的，有了性幻想然后阴茎勃起更是正常的。有些男孩见到自己喜欢的女孩，甚至流出液体，这是男性性兴奋时的正常生理反应，不是下流，不是无耻。在民间，人们把这种情况称为"见色遗精"，事实上流出的不是精液，而且尿道球腺和尿道旁腺所分泌出的一种液体，其功能是起性交润滑剂的作用。

妈妈最想对你说的话

亲爱的儿子：

不少男孩觉得自己的阴茎很敏感，只要稍想到或听到性方面的事情，或骑自行车时，阴茎就会不由自主地勃起，有时他们会感到十分尴尬，不知所措。为此，有些男孩非常自责，认为自己品行不良，私下去求医问药，希望消除这一烦恼。其实，男孩受到有关刺激产生阴茎勃起的现象完全是正常的生理现象，它既不是有病，也不是丑陋不堪的事情。

无论是主观意念导致的勃起还是外界刺激导致的勃起都是正常的，对于受到外界刺激的勃起而言，只要消除外来刺激，阴茎就会迅速恢复到平常的疲软状态。青春期男孩受刚刚增高的雄性激素水平的影响，对性刺激十分敏感，反应非常迅速，不过来得快，去得也快。过一段时间后，身体对激素的影响就比较适应了。

阴茎勃起是青春期性发育成熟的一种标志，对此不必多虑，应该坦然处之。如果思虑过多，反而容易引起阴茎频繁勃起。导致阴茎勃起的因素很多，比如阅读了有关爱情和性爱方面的文章，会使中枢神经处于兴奋状态，继而阴茎勃起。另外，穿了过紧的内裤或盖了过软、过厚的被子，也容易造成阴茎勃起。因此妈妈提醒你，尽量不要去看那些容易刺激你阴茎勃起的书籍、影像。

青春期是你长身体、长知识、长才能的黄金时期，你应该在学习、体育锻炼方面投入更多的时间和精力，千万不要沉湎于有关性的读物或视听材料中。这样，能相对减少阴茎所受的刺激，对你的学习和身体都有好处。

——爱你的妈妈

在公共场合阴茎勃起该怎么办

健柏是某校重点中学初二（1）班的学生，他们班的语文老师是刚从大学毕业的，不但年轻，而且相貌出众，加上她的穿戴很性感，因此备受班里男生关注。健柏自然也是上课经常走神，莫名其妙地出现性幻想，因为在他看来，语文老师真的太迷人了，简直像仙女。

有一次语文课上，健柏看着语文老师发呆，脑子不自觉地想入非非，突然语文老师叫他起来回答一个问题，而他根本不知道语文老师提的问题是什么，于是不知道该怎么回答。这时候语文老师走到他的身边，笑着对他说："上课不认真听讲，想什么呢？"

健柏发现她的话语里没有过多的批评之意，还闻到了她身上迷人的香气，顿时产生了强烈的性欲，阴茎突然勃起了，裆部明显被顶起。当时健柏的脸"唰"的一下就红了，或许老师发现了异样，就诡异地笑了笑，说："坐下吧。"这才使健柏及时走出尴尬。

健柏感到很奇怪，为什么阴茎会突然勃起呢？而且是在教室里，那么多同学，万一被人看到，那岂不是会被人认为是"色狼"？

有时候在公共场合，阴茎不由自主地勃起，确实让很多青少年男孩感到很尴尬。有些青少年认为这是异常勃起，其实不然，处于青春期的青少年雄性激素分泌旺盛，性欲强烈是正常的，特别是看到漂亮的异性时，容易引发性幻想，从而有了勃起现象。面对这种尴尬的情况，你可以试着用一些办法进行化解：

（1）如果你手里有东西，比如书本、书包等物品，不妨自然地挡住裆部。

（2）当你看到裆部顶起来时，也可以双手插口袋，将裤子的两旁顶起来，扩充裆部的空间，以分散裆部的凸起感。

（3）选择下蹲，并维持两腿间的空隙，尽量不要压到或折到生殖器。

（4）假装肚子疼，然后抱腹弯曲腰部，等阴茎逐渐恢复常态再起身。

（5）如果已经被别人发现，你可急中生智，找个理由，比如说："不好意思，我昨天服错药了。"语气和表情尽量要自然、淡定一些。

（6）如果身边有同伴，你可以站在他的身后，以分散他人的注意力。

（7）如果旁边有洗手间，你可以说尿急，然后去洗手间，避免尴尬。

总的来说，处理阴茎突然勃起的现象，要保持自然的神态，学会转移注意力，让阴茎自然软化。切不可马虎地硬塞硬拽，这样对于青少年的性发育极为不利，而且很难阻止阴茎勃起。

妈妈最想对你说的话

亲爱的儿子：

阴茎突然勃起，说明你的性欲强烈，或者说你比较注意异性，性幻想较频繁，对此，妈妈建议你在日常生活中注意心态的调节，保持良好的生活态度。

在公共场合，阴茎突然勃起，对此你应保持健康的心态，不要认为这是一件丢人的事情，很多男孩都有这种难堪的经历，比如中午在教室里午休之后，突然勃起了，这是好事，是性健康的表现。

在日常生活中，要尽量少穿紧身裤，尽量不看淫秽的书籍、影视，保持开放的心态，多与同学、朋友交流，多谈论学习上的事情和健康的话题。当阴茎勃起后，要学会转移注意力，只要你不去性幻想，阴茎很快就会疲软。

当你发现身边的同学或朋友阴茎突然勃起时，不要去嘲笑他们，而应该假装不知道，或善意地帮他化解尴尬，这会对他们形成正常的性心理非常有利。

——爱你的妈妈

早晨老有硬邦邦的感觉

这几天文昊可烦恼了，每天早上起床的时候，他的小鸡鸡都硬邦邦的，下腹有发胀的感觉，有时候尿道口还很湿润，他怀疑自己晚上胡思乱想了，于是起床时拍着脑门感叹："哎，怎么回事呢？我晚上都在想什么？"可是任凭他怎么想，也想不起晚上做了什么梦。

一天他实在感到纳闷，就问妈妈："妈妈，为什么这几天早上醒来的时候，我的下面总是硬邦邦的呀？"妈妈嘿嘿地笑了，说："有什么不好吗？”“没什么不好，但是硬硬的感觉不舒服啊，这是怎么回事呢？”

妈妈说：“这是正常现象，叫晨勃，男孩子都会遇见的，尤其是青春期的男孩，由于雄性激素分泌旺盛，阴茎特别敏感，因此晨勃现象频繁，不要担心，这很正常。”听了妈妈的话，文昊心情好了很多，不再胡思乱想了。

晨勃，这在很多男孩那里是一个新名词，到底什么叫晨勃呢？正常男子的阴茎，除了在性刺激和某种外界刺激下会勃起外，通常处于疲软状态。但是有时内脏器官的反射作用也会导致阴茎勃起，最明显的是早晨清醒前时常会出现阴茎勃起，医学上称之为清晨勃起，即晨勃。晨勃是指男性在清晨4～7点阴茎在无意识的情况下，没有受到情景、动作、思维的控制而自然勃起。晨勃是性功能正常及强弱的重要表现或指标。

若想知道早晨醒来阴茎为什么会勃起，还得从睡眠谈起。人的睡眠分为徐波睡眠和雷姆睡眠，徐波睡眠是指从躺到床上到进入深眠之间的一个半小时内的睡眠，雷姆睡眠是指从翻身到不停改变睡姿的二三十分钟内的睡眠。通常我们每晚都要重复四次这种类型的睡眠，而且是周期性地循环进行，雷姆睡眠时阴茎会变热变大，即是勃起，而其他睡眠时间则阴茎缩小、温度降低。所以，早晨如果是从雷姆睡眠中醒来，阴茎是勃起的；如果从徐波睡眠中醒来，阴茎是下垂的。这就是早晨勃起的原因。

正常男性在夜间睡觉时都会经历阴茎的“勃起—疲软—再勃起—再疲软”的生理过程，医学上称之为阴茎夜间勃起。男青年每夜大约勃起4～6次，每次20～30分钟，总共勃起时间可达两个半小时。它表明性功能正常，不能误认为是异常现象。

睡眠时大脑皮层处于抑制状态，失去了平时对低级性中枢的控制，因而勃起中枢的兴奋性得以自由表达，夜间出现多次勃起。这种现象在晨间清醒前膀胱中尿液充盈时更为明显。这种自发的生理现象是不以人的意志为转移的，随着年龄的增长，阴茎的勃起次数和时间都会逐渐减少。

妈妈最想对你说的话

亲爱的儿子：

当你发现早晨阴茎勃起等现象时，不必慌张，而且没有必要刻意去控制它，因为对大部分男性而言，是很难控制这些自然勃起的现象的，而且可能引起更深的罪恶感、恐惧感或焦虑，况且勉强控制可能对以后的性生活造成影响。

与此相反，如果你顺其自然，不去注意，不去控制它，几分钟之后它就会自动恢复到常态。如果你感到焦虑，有可能会使阴茎勃起更持久，直至阴茎基部的肌肉松弛，而且外来的血液回流到血液系统中后，阴茎才会疲软。妈妈想告诉你，如果你想避免有意识的勃起，最好的方法是尽量少看、少听含有性暗示的影片及电视、书刊。另外，在睡觉之前，不要饮水过多。相信你能做到这一点。

——爱你的妈妈

睾丸会长到多大

13岁的王涛像其他的男孩子一样感觉到了身体的变化，有一天，他在洗脸的时候发现自己的喉咙下多了一块东西，妈妈说这是喉结。后来的一天，他发现自己长出了胡子，黑黑的，但不像爸爸的那样硬，摸上去软软的，而且，他发现自己的蛋蛋长大了一点，妈妈说这是睾丸开始长大了，也就是说，他要变成一个男子汉了。对于变成男子汉这件事，他很高兴，不过同时他也陷入了困惑中，这个所谓的睾丸可以长多大呢？

一般来说，人从出生的时候开始到12岁以前，睾丸都处于相对的静止发育期，大小一般为1～4毫升。12岁以后，人会进入“青春发动期”，睾丸的体积也会迅速增大。到18岁左右，有60%～70%的男性的睾丸体积会达到16.5毫升以上。人们进入成年后，睾丸体积大致稳定在16～25毫升，平均值为19.8毫升，黄种人比白种人和黑人稍微小一些。等到60岁以后，男性的性功能就会进入衰老阶段，睾丸体积也会逐渐缩小，70岁以后，男性的睾丸体积多数已下降到16毫升以下。这些数值是在大量数据的基础上得出的，可以作为参考，男性们可以测量出自己睾丸体积的大小，然后以此加以对照，就能初步知道自己睾丸的体积是否正常。当然在测量时，有许多因素会影响到睾丸的大小，所以男性们需要摸摸睾丸表面是否光滑，看其是否硬度适中，是否有触痛感等。

一般来说，正常的睾丸是有弹性的实体。在睾丸中，曲细精管的体积就占据了绝大部分空间。所以一旦曲细精管的发育状况不良，会出现小睾丸现象，例如先天性曲细精管发育不良综合征，后天性各种炎症、损伤、放射线、毒物、精索静脉曲张等因素都会引起睾丸萎缩，使得睾丸的体积过小。与之相反的是，如果睾丸出现鞘膜积液、精液囊肿、睾丸肿瘤等现象，就会导致睾丸体积异常增大。

关于测量睾丸体积的方法有两种，一种是用木质的不同体积的睾丸模型与睾丸比较，另一种是用卡尺测量睾丸的纵轴、横轴、矢状径的长度，算出睾丸的体积。在测量睾丸的体积时，用拇指和中指将睾丸挤于阴囊皮下，就可以清楚地暴露睾丸的体积轮廓，然后再排除附睾后进行比较和测量即可。

此外，还有一种极为简单的办法就是在杯中放半杯水，水平面处做个记号，把睾丸放入水中，水面升高，然后把升高部分的水用针筒抽出，针筒上标出的毫升数就是睾丸体积了。

经过测量，如果成年人的睾丸体积小于10毫升，就是小睾丸，若大于25毫升则是大睾丸，这两种都是不正常的。

妈妈最想对你说的话

亲爱的儿子：

你刚出生的时候，你的睾丸是很小的。而且，在你12岁以前，它都是不会发育，也不会长大的。当你进入青春期以后，睾丸就会发育，等到15岁的时候，你睾丸的体积就会和小的鹌鹑蛋差不多大小，到16岁的时候，它就长得差不多了。当然，有时候你会发现你和其他小伙伴的睾丸的大小似乎不太一样，这是一种正常的现象，就像每一个人的眼睛都不一样大小一样，每个人的睾丸也会因为存在种族、身材等客观条件的差异而不一样，只是这种差异不会很大。医学专家指出，睾丸正常尺寸和拇指与食指圈成的圆圈差不多大。据说男孩子只要比个OK手势去套睾丸，塞得有点松或有点紧都是正常的。你完全可以放心，你的睾丸非常正常。

——爱你的妈妈

孩子，生理上的变化是你从男孩长成男人的过程，不用担心，也不用害怕！

保护好你的“小弟弟”

在一次玩闹中，鸿涛的裆部被同学猛踢了一脚，当时他的“小弟弟”特别疼，尤其是下腹，特别胀痛，他几乎要哭出来了。为了不让同学们知道自己受伤了，他强装镇定，一言不发地走到一旁，休息了好一会儿，鸿涛才缓过神来。晚上睡觉的时候，鸿涛特别担心“小弟弟”被踢坏了。还好，第二天鸿涛没有感觉“小弟弟”有什么不适。

每个男性都有一个“命根子”，它不但承担着生儿育女的重要责任，还是性生活的需要，这是一个男性生活必不可少的一部分。因此，保护好“命根子”有重要意义。青少年总是充满激情和活力，他们好动、打闹、好奇、敢于尝试、生活经验不足，有可能不小心伤到“命根子”。因此，具备必要的自我保护意识和方法，是非常有必要的。

1.对烟酒说“不”

如果一个男子每天抽一两包烟，其精子可能会畸形，流动速度也会比不吸烟男性的精子流动速度慢，香烟中的尼古丁会对精子的数量和质量产生负面影响。有研究表明，吸烟者的生殖能力与非吸烟者相比较可以降低50%。饮酒过量会伤害男性的肝脏，有研究表明，过量饮酒会损伤精子从而使男性的生殖能力下降。大量饮酒会使睾酮水平降低，并使精子的质量和数量下降。

2.不要乱吃药

很多药品会影响男性的生殖能力，这些药品包括类固醇、治理癌症所使用的细胞毒性药物以及阿片类药物。如果青少年有必要长期服用某种药物的话，为了解除自己的担心，有必要向医生咨询该药物对生殖能力的影响。

3.小心外部创伤

睾丸创伤是很常见的现象，而且严重的创伤往往会留下终生遗憾。男性在青少年时期发生创伤的现象比较常见，在体育活动或日常生活中，如骑跨物体、彼此打闹，都有可能对睾丸构成威胁，特别是夏天穿着单薄时，很容易发生创伤。因此，青少年要格外小心。

4.不要用过热的水洗澡

经常洗热水浴可以使精子的数量降低，在40度以上的热水中浸泡半个小时以上，就会降低精子的数量。男性的睾丸之所以装在阴囊里面，很重要的原因就是可以让睾丸的温度低于身体的温度，这样睾丸才可以正常地工作。而热水浴温度过高，会使睾丸温度增高，从而妨碍睾丸的生精能力，如果情况严重，还会造成其他功能和结构的改变，使睾丸损伤，导致睾酮分泌减少。

妈妈最想对你说的话

亲爱的儿子：

在你成长的过程中，难免会遇到意外的事情，比如身体会受到某种伤害。你尤其要注意保护好自己的“命根子”，它不仅是你将来生儿育女的关键，也是你未来享受幸福生活的关键。如果真的不幸伤害到那里，你一定要学会事后补救。

如果男孩子在睾丸受伤后，没有勇气向医生求助，就有可能导致病情恶化，失去了及时治疗的时机。有的人自认为症状在减轻，实际上睾丸会因为血肿凝固对正常睾丸组织产生压迫或因细菌侵入血肿而发生感染，最后使受伤的睾丸彻底破坏，而萎缩的睾丸生精功能会大大降低。所以，如果阴囊受伤后，应当想到睾丸破裂的可能性，在进一步检查确认后应当进行手术检查和修补，及时挽救破损的睾丸，这样才能保护好你的“命根子”。

平时不要喝酒、抽烟，因为那不仅是一种不良的习惯，同时也会损害健康，降低你的性功能。记住了，不要为了一时之快而不顾自己的健康，那可是关系到你一辈子幸福的事情，妈妈相信你分得清是非轻重。

——爱你的妈妈

彻底了解你的生殖器官

生殖器是什么东西呢？它的内部构造是不是很复杂呢？带着这个疑问，天真的陶磊开始了和妈妈的交流。妈妈是位医生，对人体结构非常了解。妈妈首先讲了女性的生殖结构，以满足青春期的儿子了解异性的欲望，接着妈妈拿出一本书，翻开男性部分，跟儿子讲述了男性生殖器官，妈妈讲得很细致，儿子听得很认真，最后，陶磊明白了生殖器官的知识。

孩子进入青春发育期的最重要的标志就是性器官的成熟。男性生殖器官分为内、外生殖器官两部分，外生殖器官包括阴囊和阴茎，内生殖器官主要有睾丸、附睾、输精管和精囊腺、前列腺。

阴茎由尿道海绵体和阴茎海绵体共同构成，外边包着许多柔软的、充满血管的结缔组织，最外边是皮肤。皮肤延伸，一直盖住阴茎的顶端龟头部分。龟头部分与阴茎之间有一个明显的沟状组织，叫冠状沟。冠状沟最前边叫龟头，龟头上分布着很多神经末梢，对刺激非常敏感。一旦受到刺激，就会立刻充血、胀满、变硬，整个阴茎立刻就会上翘、直立，这就是我们常说的“勃起”。

阴茎的重要功能一是排尿，二是在勃起的状态下进行性交活动。阴囊位于阴茎的根部，有深重的色素沉着，有很多褶皱；阴囊里有两个睾丸，左右各一个，大小如桃核。当天气炎热或人的体温增高时，阴囊就会变得松弛、下垂，以便散热。如果天气寒冷，阴囊就会自然收缩，以保护睾丸，这是一种天生的自我保护。在这个过程中，阴茎和阴囊基本上会遵循“热胀冷缩”的规律。

妈妈最想对你说的话

亲爱的儿子：

全面了解生殖器官，有利于你正确认识自己。妈妈看了相关书籍，下面就一一为你介绍：

阴茎：性行为的主要器官，主要功能是排尿、排精液和进行性交。阴茎皮肤很薄，皮肤下无脂肪，具有活动性和伸展性。在平常的时候，阴茎处于疲软状态，当有性欲的时候，阴茎会膨胀、增粗、变硬、勃起。

尿道：主要功能是排泄尿液和精液，是尿液和精液的共同通道。在尿道球部旁有一对尿道球腺，能分泌少量液体，这种液体是精液的组成成分之一。当阴茎勃起时，这种液体会先流出尿道口，使阴茎头部润滑，便于阴茎插入阴道。

阴囊：阴囊皮肤薄而柔软。调节温度，保持睾丸处于恒温环境（35℃左右）是它的主要功能。

睾丸：产生精子、分泌男性激素（睾酮）是睾丸的主要功能。前者与卵子结合而受精，从而繁殖后代，后者是维持男性第二性征的重要物质。

附睾：促进精子发育和成熟，贮藏和运输精子是它的主要作用。

精管：主要功能是运输和排泄精子，它有很强的蠕动能力。

精囊：既不储藏精子，也不产生精子，只是分泌一种黏液。

精索：将睾丸和附睾悬吊于阴囊之内，主要功能是保护睾丸和附睾不受损伤。

射精管：它有强有力的收缩能力，帮助精液射出。它的主要功能是射精，射精管壁肌肉比较丰富，可以承受射精时应有的压力。另外，精液通过的口子很小，似乎有一种“挤出”感，在神经反射的作用下，在射精的时候有一种快感，从而达到性高潮。

前列腺：主要功能是分泌前列腺液，是精液的组成成分之一，约占精液的13%～32%，有利于精子的射出。

——爱你的妈妈

关于包皮的小秘密

从很小的时候，晏非就知道自己和别的孩子不一样，他的阴茎总是被一层皮肤紧紧地包裹起来，每次尿尿的时候都要在那层皮上扒拉开一个很小的开口才可以。到了青春期以后，他就有了阴茎勃起的现象，但每次阴茎勃起的时候，他都觉得那里肿胀，很不舒服。后来，父母便带他到医院去检查。医生检查过说是包茎，需要动手术。晏非吓坏了，他想，包茎不就是阴茎上多了一块皮肤吗，不痒不痛的，需要动手术吗？

在生活中，很多男孩对包皮存在这样那样的误解和无视。其实，包皮不仅仅是阴茎上多了一层皮肤那么简单。通俗地讲，包皮就是阴茎体前面多出来的一块皮肤，它是由内外两层皮肤折叠形成的，两层中间的部分是结构很松又很有韧性的结缔组织，所以包皮可以自由滑动，移动距离甚至可以达10多厘米。它外面的皮肤拥有很大的伸缩性，因此，可以为阴茎的勃起提供宽松的外在条件，同时也能很好地保护阴茎前端的龟头，特别是在婴幼儿时期，那时龟头及其表面的黏膜组织还没有发育完全，这层皮肤的保护作用就更为重要了。此外，它也可以保持龟头表面神经的敏感性。因为龟头神经在受到一定程度的刺激时就会引发射精，而龟头表面神经的敏感性在过少或过多地受到刺激之后就会有所变化，从而影响射精，有包皮的存在，龟头表面神经的敏感性就可以始终保持在正常范围内。

但包皮也不是越长越好，如果包皮超过了一定的长度，就会影响到日常生活和性生活的质量。如果包皮不仅仅过长，包皮外口还很小，以至于包皮不能够自由滑动，把龟头牢牢地包住，使其根本露不出来，甚至包皮外口直径仅有两三毫米，没有一点伸缩性，打不开，就是典型的包茎，这种情况就会严重影响性生活和人体健康。

此外，包皮处的卫生也很重要。如果长时间地在排尿、遗精或自慰、性生活后不及时清洗，就会产生包皮垢，最终造成细菌的滋生，不仅可能影响自身生殖系统的健康，也可能会影响性伴侣的健康。所以，要养成每天或一两天清洗阴茎的习惯。

在清洗的时候用温开水即可。如果有条件的话，最好用流动的水，能够淋浴冲洗最好。如果包皮很长，就要翻开来洗，一定要洗到龟头部位和冠状沟部位。但是，无论如何，最好不用洗涤剂，即使包皮里面有污垢，也只可少用一些香皂。

妈妈最想对你说的话

亲爱的儿子：

关于包皮，首先是要保持清洁，养成定期清洗的习惯。平时也要注意一些生活细节，不要太用力搓洗包皮，以免产生挫伤，在自慰时动作要柔和些，以免弄伤包皮。

不是所有的包茎都需要手术，不是很严重的时候，你就可以自己尝试着轻轻打开包皮，然后让它回复原状。可能一开始比较疼或不太好接受，龟头也特别敏感不能触碰，但坚持几天就会好转，适应之后就可以打开保持一段时间。很快你就会发现包皮口变得比较松弛了，即便阴茎勃起也不会很疼了。这时可以改成每天睡前打开包皮，直到清晨醒来。开始一些天包皮龟头还会出现肿胀现象，你可以用手紧握住肿胀的部分几分钟让它消退一些，再把包皮复归原位。两三个月后就可以使包皮口松弛到开合自如的程度了。

如果你发现因为很长时间没有打开包皮，以至于包皮和龟头粘在一起了，你可以清洗双手，用一杯淡盐水冲洗阴茎，龟头所有能暴露的部分都要洗干净，然后用手轻轻剥离粘连的部分。如果粘连部分少可一次完成，粘连部分多可分多次完成，每次间隔半个月左右。剥离时可能有些疼，如果有少量出血也不用担心，用淡盐水冲洗后涂些消炎药膏。剥离后几天剥开的部分会很红，一般一周左右就可以恢复正常。另外为了防止剥开的部分重新粘连，每天还要有一定的时间打开包皮，这样还可以使剥开的部分恢复得更快些！

——爱你的妈妈

出现脱发、白发现象怎么办

天宇小时候头发乌黑发亮，大概从初一的时候开始，学习压力越来越重了，用脑越来越多，他出现了白发、脱发现象。每次洗头的时候，水池里都会有很多头发，有时候上课的时候，天宇抓头时，就能抓下一些头发。他非常担心头发会掉光，又不知道该怎么办。

关于白发，天宇也非常担心，年纪轻轻的他可不想成为一个头发花白的老头子。天宇的妈妈三十多岁，头发白了一大片，可能是遗传外婆的。天宇纳闷的是，如果是遗传，为什么白发这么早就长出来了呢？为什么妈妈在十多岁的时候没有这么多白头发呢？

走入初高中校门，我们能看到不少学生过早地出现了白发甚至脱发的现象，据健康专家介绍，青少年有脱发、白发的现象，一般来说是由于学习压力过大、用脑过度、脑部的血液循环不够充足造成的。大量用脑会导致大脑皮层的神经系统紊乱，造成激素分泌异常，形成脱发、白发。有的青少年脱发、白发是由于遗传因素的影响，比如家族有过早脱发、白发的人，也容易过早地有脱发、白发的现象。

青春期正是青少年开始爱美、开始注重自我形象的时候，脱发、白发不仅会影响他们的形象，也会给人留下衰老、没有朝气的感觉，甚至还会被爱挑事的学生冠以“大爷”“秃爷”等称号，这很容易伤害他们的自尊心，确实让人感到非常困惑、烦恼。

妈妈最想对你说的话

亲爱的儿子：

不管是男孩女孩，都希望自己有一头乌黑的秀发，女孩对头发更是充满期待，希望不仅头发乌黑，还能浓密飘逸，可是在洗头、梳头的时候，常常伴有大量脱发的现象，令少男少女们大为烦恼，你们可能会担心长此下去自己会变成“光头”“白发老头”。其实这种担心是多余的。

首先，我们来说脱发。一般来说，脱发有两种情况：一是脱下的头发有根，二是脱下的头发无根。你可以拿一根从你头上脱下的头发进行检查，如果发现脱落的头发一头有白色透明的管状物，就证明脱下的头发带有皮肤上的毛囊，说明头发是连根一起脱下来的，这种情况多属于肾虚。如果脱下来的头发没有毛囊，是断发，那么注意合理饮食和休息，进行科学护发，就能改变这种状况。

还有一种脱发叫“鬼剃头”，也叫斑秃，就是头皮上出现了成片状的圆形或椭圆形的脱发，露出了“不毛之地”，这种现象可能是由于精神紧张或受到意外刺激造成的。对此你不必慌张，要先找出原因，再对症下药。除了及时到医院检查，还应学会忘掉烦恼，调整心情，保证充足的睡眠，放松精神。

再说说白发。生白发是很多人成长过程中都会出现的正常现象，只不过白发的多少不一，程度轻重不同罢了。如果青春期出现了一小撮一小撮的白发，或与黑发“各领风骚”，就应该引起重视了。

健康专家表示，头上有黑白相间的花白头发，多是由于血热造成的，需要清热凉血；如果白发出现在鬓角，则是早衰的表现，说明先天不足，需要加强营养。同时还应到医院检查一下自身微量元素的含量，及时补上所欠缺的营养才行。

妈妈知道，少男少女都希望自己的头发乌黑、亮泽、柔顺，这是健康美丽的具体表现。一个人大约有10万根头发，每天头发大约生长0.35毫米，如果每天晚上脱落三四十根头发，也是正常的事情，因此不必大惊小怪。

日常生活中，要学会护理头发，养成经常理发、梳洗的习惯，保持头发的清洁，最好不要为了追求新潮经常进行烫发、染发。尤其是不要为了追求新潮的发型而去发廊和美发厅，因为那些人会迎合你们追赶潮流、标新立异的心理，做出种种新奇的发型，使你的头发受到强烈的刺激，有可能导致脱发。

另外，发廊、美发厅等地方使用的各种洗发水、冷烫精质量低劣，甚至会对人体造成较为严重的伤害。这样不仅会使头发受到化学剂的刺激，还会导致头皮受伤，因此，青少年要非常小心地善待自己的秀发。

——爱你的妈妈

什么是性晚熟

乔伊15岁了，他是一个性格开朗、爱说爱笑的男孩。但是从前段时间开始，身边的人发现他有些沉默，常常一个人躲在屋子里。原来，有一次，他发现自己的男同学都不知不觉有了变化，阴茎开始发育，喉结也长出来了，脖子下多了一块骨头，声音也变得有了磁性。他上过生理课，知道这是正常的，是男孩子开始变成男人的标志，但是他发现自己的身体还没有开始发育，喉结也不是很明显，而且还是一副原来的童音。他不明白，为什么自己会这样？会不会是生病了？后来，妈妈也发现了乔伊的疑问，也感到担心，就带他去医院做了一番检查，最后医生说乔伊很健康，他只是有点性晚熟，虽然已经开始发育，但不是很明显，而男孩子的发育期一直要持续到20岁左右，因此让他不必担心。

其实，乔伊之所以到16岁了还没有出现第二性征，就是性晚熟的表现。性晚熟和性早熟是相反的一种现象，性早熟是发育提前，而性晚熟就是指发育延缓或错后。

性早熟和性晚熟其实并没有一个绝对的标准，它们都是针对正常发育时间来说的。而正常发育时间本身就是一个平均数，例如有人曾经对全国女性月经生理情况进行了调查，结果得出月经初潮年龄平均是15岁。那么是不是就意味着15岁以前开始发育就是性早熟，而15岁以后就是性晚熟呢？当然不是。

按照统计学处理，在那次调查中，初潮年龄的调查对象95%是12～19岁的女孩，也就是说，在100个正常少女孩中有95个会在12～19岁出现第一次月经，另外的5个女孩子则是在12岁以前就出现月经或19岁以后才出现第一次月经。事实也是如此，那次调查初潮对象的最小年龄是9岁，最大年龄21岁。所以，初潮只能作为一个判断依据，而不能作为判断标准。同样的，性发育也不能作为判断标准，而是一个依据，它并不是青春发育的开始，从某种程度上来说，它反而是青春发育已经成熟的标志。要做出是不是性晚熟，还要结合第一性征和第二性征发育的情况为根据。

一般地说，男孩子的年龄到了14岁，如果还没有出现包括第一性征发育和第二性征发育的任何征象，就应该考虑是不是有性晚熟的可能。正常人从第二性征开始出现到具有成人的特征，一般需要经过4年半的时间。如果从青春期躯体发育特征的出现到生殖器官的生长完善，超过5年还没有完成，也要考虑是不是有性晚熟的情况。

若男孩子19～20岁仍无性发育，且睾丸、阴茎短小，显幼稚型或无阴囊、睾丸缺如，前列腺小或缺如，并伴有泌尿系统和身体其他部位的发育异常，就要视为性发育不良，应引起本人、父母及医务人员的重视，而不仅仅是作为性晚熟来考虑。

一般来说，性晚熟的原因除了全身性免疫病和营养不良如结核病、糖尿病、吸收不良征候群等可使青春期延迟之外，大多和基因遗传病有关。而性发育不良常见于幼稚病、性腺功能减退、两性畸形、垂体功能减退及松果体功能不全等。所以有了性晚熟的迹象，要及时请有关专科的医生诊查原因，及时进行治疗。

妈妈最想对你说的话

亲爱的儿子：

性晚熟是客观存在的，在医学上称为“性发育延迟”。但请不要着急，其中大部分人属于体质性晚熟，这是由发育的个体差异造成的，就像一把种子，撒到地里，有的早发芽，有的晚发芽。医生也告诉我们，你的身高没有出现明显的青春期突增，身高虽矮，但身材匀称；性器官外观正常，内分泌激素也正常，所以你的发育落后只是正常的性晚熟。

事实上，青春期发育的早晚在个体之间存在着较大差别，可以相差好几年。性发育早的孩子的青春期发育结束得也早，他们的身体发育状况最终与其他同年龄的人无多大差别。而你性发育虽然落后，但是结束得也晚，所以这种落后只是暂时的、相对的，最终能赶上别人。

生殖器官和第二性征的发育同人的高矮胖瘦一样，本身就存在很大的个体差异，你不必对此敏感，也不要产生顾虑。更何况，现在对于性晚熟的界定并不确切，这个结论是无法随意下的，那些流行的“适当年龄”和“正常年龄”的说话也多半不科学，不必放在心上。

当然，在平时日常生活中，你也要多注意营养。营养是影响青春期发育的重要因素，青春期阶段生长迅速，新陈代谢快，营养需求增加。如果你这时候长时间营养不良，就很容易导致发育不良。所以，一定要全面地吸取营养，不要厌食、偏食。

——爱你的妈妈

手心为什么总是出汗

夏小鸥是一名高三学生，他17岁了。自从12岁那年开始，他的手就经常出汗，不是很严重，但手掌总是潮潮的，读书写字的时候需戴胶皮手套，否则汗就会弄湿书本，他从不敢和同学握手、扳手腕等。为了消除手汗，他曾经吃过很多药，看过很多医生，但都没有效果。他觉得很苦恼，见到同学在一起玩，他就会避得远远的，以免大家邀他扳手腕。

像夏小鸥这样的情况很多孩子都曾经有过。人体多汗包括腋汗多、脚汗多、头汗多，而手汗症则是多汗中最常见的一种。这种现象就是手汗症，男孩在青春期经常会出现这种情况。

其实，出汗是人体调节体温的手段，当人心情紧张、感到有压力的时候，自然出汗会多一些，但如果出的汗超出了调节体温需要的量，就属于多汗了，这是由于人体交感神经始终处于亢进状态所致，这是手汗症的基础。

手汗症是自主神经系统紊乱所致的一种症状，主要表现为因局部汗腺分泌亢进，手掌不由自主地大量分泌汗液。手汗症一般在儿童或少年期出现，到青春期逐渐加剧,有数据表明,95.6%的患者首次出现症状的年龄小于16岁。如不及早治疗,就会使孩子与人接近时将产生莫名的心理负担,给学习生活和人际交往带来不便。另外,手汗症同时还可能患有手部皮肤浸渍感染,从而导致各种皮肤病变。

临床可将手汗症症状分级,例如将手汗症病变程度由轻到重分成三级：轻度为手掌潮湿；中度为手掌出汗时湿透一条手帕；重度为手掌出汗时呈滴珠状。如果符合以下大部分特点：青春期男孩发病，有多汗症的家族史，多汗为双侧对称，诱发因素为情感、运动、高温等，如果睡眠时不出汗，一般都是多汗症。

要治疗手汗症，除了药物治疗，也可以进行外科手术治疗。不过用药物治疗是通过内服药物，在抑制手汗的同时，也抑制全身的汗腺分泌，对人的健康有很大的副作用，而外科手术治疗则可以通过切断引起手汗症的胸交感神经，彻底解除引发手汗的根源。

妈妈最想对你说的话

亲爱的儿子：

多汗症其实不是一种疾病,而是一种功能性的局部异常导致的,而手上因为汗腺较多，而且也最容易被人们注意，所以更容易带来困扰。不过到现在为止，引起多汗症的原因还不是很明确,医学上大多认为这是因为交感神经过度亢奋而引起的汗腺过多分泌导致的，外界因素如气候、季节以及外界温度、自身因素如情感变化、剧烈活动等都可能导致多汗症。只要不是妨碍到健康，就不必太在意。

你的症状不是很严重，下面是一些小偏方，也许会有作用。

(1) 每天用热水浸泡双手5～10分钟,如果在热水中放一些盐效果会更好,但一定要注意水温,以免发生烫伤。

(2) 中药煅龙骨30克、枯矾10克,一起研成粉末,每次洗完手后,均匀地擦在手掌上，每天1～2次。

(3) 中药枯矾10克、苦参30克、花椒6克,用水煎后洗手,每天1次,也可以将这些药直接用250毫升醋浸泡半天，然后再加入500毫升温水，然后浸泡手。

(4) 明矾25克研碎，与芒硝25克、扁蓄30克混合，水煎两遍，然后每晚睡前用药液泡双手1小时，坚持一个月。

(5) 将2～4片乌洛托品压成细粉，洗净擦干手后，用手将药粉揉搓在手掌上，每日一次，几天后就可以见效，可保持手部干燥50天。

——爱你的妈妈

Part2：心理上的秘密

XINLISHANG DE MIMI

对于男孩来说，随着身体的成长，心理上也会渐渐地萌发出许多奇怪的念头。

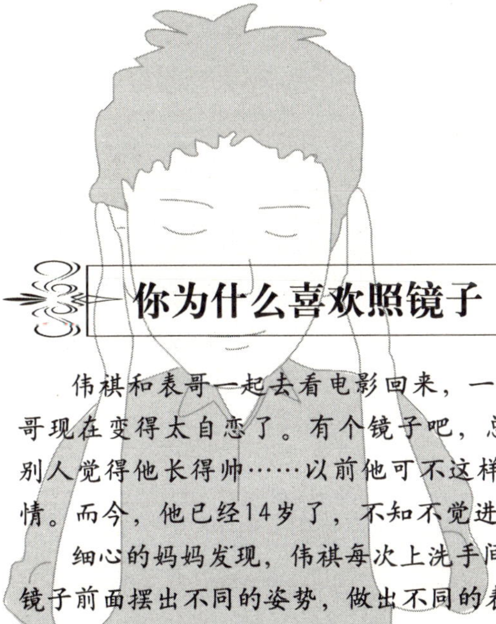

你为什么喜欢照镜子

伟祺和表哥一起去看电影回来，一个劲儿地叫："不得了，不得了，表哥现在变得太自恋了。有个镜子吧，总是想照照，谁多看他一眼吧，就说别人觉得他长得帅……以前他可不这样呀！"这是伟祺8岁时经历的一件事情。而今，他已经14岁了，不知不觉进入了青春期，也变得臭美起来。

细心的妈妈发现，伟祺每次上洗手间的时候，洗完手后总要照照镜子，在镜子前面摆出不同的姿势，做出不同的表情，似乎有意在显摆。一次，妈妈问道："伟祺，干嘛总是照镜子啊？镜子里有美女啊？"没想到伟祺笑着说："镜子里没有美女，但是有帅哥啊！"妈妈一下子被逗笑了。当妈妈认真地问他为什么照镜子时，他也一时答不出来，他说："反正我就觉得照镜子心里踏实，不照镜子就感到不舒服，可能是习惯了吧！"

其实妈妈知道，这是青春期少男少女的特点，他们渴望自己帅帅的，漂漂亮亮的，是爱美的典型表现。因此，妈妈对伟祺频繁照镜子的行为并不反感。

虽说男孩子不像女孩子那么情感丰富，也不像女孩子那么容易陷入忧郁、悲伤，但进入青春期后，面对生理上的一系列变化，其心理也会产生一系列的变化，同样渴望异性的关注，渴望自己成为有魅力的人。因此，照镜子也是男孩子们正常的行为举动。

有这样一则幽默故事：

一个人问，停在镜子上的蚊子是公的还是母的？另一人答道："肯定是母的。"他之所以这么回答，是根据女性的行为特点来推测的，由此可见，女性照镜子、爱美是不争的事实。但是男性和女性谁更自恋一些呢？这个问题似乎很难回答。

有个心理学家曾做过一个实验，他把一面大镜子摆在路边，然后观察谁会照上一照。实验的结果让他大吃一惊——男人比女人更喜欢照镜子！不过这个实验也有漏洞，有人会说，女性在出门之前会花数倍于男性的时间精心修饰自己，因此在路上看到镜子后，自然没必要再照了。无论怎么说，男性也有自恋的表现，特别是处于青春期的男孩，喜欢照镜子是再正常不过的事情。

处于青少年时期的男孩，由于生理发育趋于成熟，身高、体重、体形都出现了明显的变化，特别是性征的出现，导致他们的心理也发生急剧的变化，最为突出的就是自我意识崛起。因此，他们开始把注意力转移到自己身上，并且开始以貌取人。在观看影视节目时，也喜欢把注意力放在关注男演员帅不帅、女演员漂不漂亮，如果不帅、不漂亮，他们就会大失所望。平时，他们很注意别人对自己外貌、长相的评价，虽然在这一点上，男孩子比不上女孩子。女孩子一听到别人说自己长得好看，就会立刻神采飞扬，其实男孩子也是这样，只不过那种强烈程度不及女孩子罢了。

妈妈最想对你说的话

亲爱的儿子：

进入青春期的你，已经有了独立的审美标准，你开始关注自己的形象。这一点在你频繁照镜子这一行为上有明显的表现。

妈妈想告诉你的是，由于你的心理还没有完全成熟，所以如果过分地追求表面上的东西，就像站在镜子前面观赏自己的影像一样，只注重个人的外貌而忽略内在的本质。妈妈也要建议你，不要把精力过分放在对外貌形象的关注上，而应该把时间和精力用在有意义的活动上。比如，你可以积极参加体育运动，多和同龄人交流、讨论学习上的问题，谈论共同的兴趣爱好，这样你才会成为一个内在美和外在美兼而有之的优秀青少年。

——爱你的妈妈

你为什么那么在乎发型

记得刚上初中的时候，每个学生的发型都是规规矩矩的——男生一律是短发，女生头发短就梳个羊角辫，头发长就扎个马尾辫。可是到了初二时，班里的学生越来越不“安分”，女同学开始“披肩散发”，而男同学开始学会了“分头发”，比如五五分、四六分、三七分，有的男生喜欢把头发梳得翘起来，还有几个男生学习女生，在额头前留一排小小的刘海。让人觉得好笑的是，个别男生居然把头发弄得卷卷的，犹如一个微型的“小鸟巢”。

发型复杂了，花在头发上的时间和精力也多了。上课时候，刘峰同学经常不由自主地用手梳理他自认为超酷的发型，也就是用手在头发上乱抓一阵。晚自习的时候，刘峰提前把作业做完，看着窗户外面一片漆黑的夜，正好把玻璃当做镜子，不停地对着镜子用手搞发型，左手一捋，右手一抹，看哪里有漏洞就补哪里。弄好后，还流连忘返，对着玻璃再照几下，又看看自己。看那神色，估计心里美得无法言说。

一天早上，刘峰上学快迟到了，在还有几分钟的时候，他跑到了教室门口，可是他第一时间没有冲进教室，而是直接奔向洗手间的水龙头处，用手把头发打湿，然后从额头处往后一抹，再用手指当梳子，利索地弄了几下，瞬间头发立了起来，显得很精神。然后再快速转身，进入教室。知道为什么会这样吗？原来刘峰同学睡过了头，没有时间洗头，才会临时用手弄发型的。

发型对一个人形象的重要性不言而喻，一个人的相貌受发型很大程度的影响，合适的发型能够弥补长相的缺陷，使人的整体形象、气质得到很好的展现，不良的发型会使一个帅气的男孩、漂亮的女孩变得不那么好看，会严重影响一个人的整体形象。

青少年进入青春期后，爱美之心一下子强烈起来，非常重视自己的形象和气质，总希望能给别人留下美好的感觉，从而得到别人的好感和赞扬。因此，他们很重视发型，对于男孩而言，他们总想弄一个酷酷的、独特的发型，要让人第一眼看到自己就产生深刻的印象，不可否认这是正常的爱美之心的表现。

妈妈最想对你说的话

亲爱的儿子：

在青春期由于性别意识的觉醒，你可能特别希望能在女孩子面前展现出迷人的一面，从而赢得异性的好感，以便拉近和女孩子的距离，交更多的朋友。这种想法没有什么不妥，只是妈妈很担心，如果你过分注重外在形象，难免会把很多精力和时间用于摆弄发型上，这样一来，你关注内心发展的时间和精力就少了。

在你这个年龄，最关键的任务是把学习搞好，学好科学知识，以便将来把自己的才华展现出来，服务于社会。当然，搞好学习与搞好人际关系并不矛盾，但妈妈想说的是，搞好人际关系关键在于提高自己的个人魅力，记住，这个“魅力”不只是指外在的形象，它更多的是指内在的品质和行为修养，如果你是一个懂礼貌、待人友善、乐于助人、虚心学习、乐于奉献的人，那么你就有了人际交往的第一筹码。

相比之下，如果你有良好的外在形象，却欠缺内在美好的品质，开始你可能会给别人留下好感，但是一旦别人与你交往，你的“原形”就会显露出来，当别人发现你是一个不好相处的孩子时，就会渐渐远离你。所以说，真正吸引住别人的特质是内在美，而不是外在美，这也不是说外在美不重要。妈妈只是想告诉你，关心发型是可以的，但需要掌握好“度”，不要过分陷入对发型的关注中，否则，你就很容易走火入魔，无心学习哦！

——爱你的妈妈

嫌自己脚臭，甚至想截肢

青春帅气的16岁男生弘文，竟天天嚷着要截肢。为什么会这样呢？原来3年前的一天，弘文放学回家说，有同学笑他脚太臭。之后，他经常说能闻到自己的脚臭。为此还休学在家很长时间，不好意思去上学。

为了保证弘文的学习不受影响，父母带着他到多家医院进行检查，但并未发现有特别的怪味。之后父母又用中草药熬水给弘文泡脚，他们几乎尝试了所有能找到的民间药方，但收效甚微。弘文每天总是抱怨脚太臭，说自己整天被恶心的脚臭味包围了，心情极度抑郁，成绩一落千丈。他说唯一的办法是把臭脚剁掉。

看了心理医生后，医生表示因为家长当时没有及时疏导弘文的不良情绪，使弘文产生了严重的心理疾病。

“我已经拿他没办法了。”弘文的父亲说，一开始他们就觉得孩子的心理出问题了，但为了满足孩子的要求，他们只好带着他四处求医。他们去过很多医院，看了神经、心理、皮肤等众多科室，但仍然没有找到症结。

弘文为什么想截肢呢？专家分析说，从弘文性格来分析，他应该是一位非常好强、追求自我完美的人，但是因为脚臭，感觉非常自卑。当同学、朋友说他脚臭的缺点后，他就产生了逃避心理，即不治好脚臭，绝不罢休。而作为父母，当发现儿子出了问题后，没有进行正确的心理疏导，使得儿子的心理疾病加重了。

专家提醒，青春期的孩子有较强的叛逆心态，一旦有了怪异的想法和举动，应该首先对其进行心理疏导或向专家求助，千万不可顺着孩子的思维去满足他们的要求，否则很容易加重孩子的心理疾病。

妈妈最想对你说的话

亲爱的儿子：

脚臭是正常的现象，尤其是处于青春期的男孩，比较兴奋好动，足部出汗较多，加上汗液蒸发不畅，致使表皮呈白色浸渍状，特别是趾间最为明显，严重多汗会引起水疱、糜烂或角化过度，很容易继发真菌感染而引起脚臭。

有的人脚臭是因为穿透气性差的胶鞋、尼龙袜等导致的，或是不注意足部的清洁卫生，导致脚上的细菌大量繁殖并分解角质蛋白，再加上汗液中的尿素、乳酸的作用，就会散发出一种臭味。

脚臭原本是一种生理问题，但如果没有正确的心态去认识它，就可能导致产生心理问题。因此，妈妈建议你放松心态，因为脚臭并不是什么不治之症，而且很多人都有脚臭的毛病，只要注意保持良好的生活习惯和卫生习惯，保持愉悦的心情，再有针对性地进行防治，就能消除你脚上的异味。

在这里，妈妈给你提供几条去除脚臭的方法：

（1）茶水疗法：在洗脚的水中加入25克茶叶和少量食盐，把双脚泡于水中，经过5～10分钟的反复搓洗，即可消除脚上的臭味。

（2）白矾疗法：在用热水洗脚的时候，在水中加入50克白矾，也可以消除汗脚臭味。

（3）土霉素疗法：将土霉素研成细末，涂抹在脚趾缝中，每次用量1～2片，坚持半个月可消除脚臭。

（4）萝卜熬水治脚臭：想除掉脚臭，不妨将白萝卜切成薄片，放在锅内，然后加适量水，用旺火熬3分钟再用文火熬5分钟，随后倒入盆中，待温度下降适度后，再洗脚，坚持几天就可以消除脚臭。

(5) 盐姜水洗脚治脚臭：在水中加入适量的盐和生姜片，将水加热数分钟，等水不烫时洗脚，并搓洗数分钟，这种方法不仅能治脚臭，还能使脚部感到轻松，并可消除疲劳。

脚臭并不是什么怪病，只要你调整好心态，认真对待，妈妈相信你就能除掉脚臭。另外，妈妈想说的是，青春期的你追求完美的自我形象无可厚非，但是人无完人，你有缺点，有不足，也是正常的事情，对此不必小题大做，以至于产生心理问题，那样是很不值得的，相信你能明白这个道理。

——爱你的妈妈

把自然美与健康美展示出来

强强是个英俊的男孩子，上初中后，他开始喜欢照镜子，有时拿妈妈的化妆品在脸上涂涂抹抹。妈妈对他的做法很不满意，就说："也不见你在学习上多下工夫，就知道臭美。"妈妈唠唠叨叨的说教不但没有效果，反而引起强强的反感。强强心想：爱美是人之常情，有什么不好的，化妆与学习有什么关系呢？干嘛扯到一起？强强觉得妈妈不理解自己，渐渐地和妈妈疏远了，有了心事也不愿意和妈妈说。

强强的变化被妈妈察觉到，妈妈在咨询专家后，改变了原来的教育方法。一天，强强又在对着镜子涂抹润肤霜，妈妈面带笑容地走过去，说："其实妈妈小时候和你一样爱照镜子，爱涂抹化妆品，曾经还因为自己长得不漂亮哭过呢，现在你进入了青春期，开始成熟了，也越来越爱美，这是一件好事。可是我觉得男孩子应该追求健壮、自然的美，而不应该像女孩子一样涂抹胭脂水粉，看你，现在就挺好的，乌黑的头发，白皙的脸蛋，亮亮的眼睛，多好看呀！少男时期是人生中最美的，但又是最短暂的。妈妈建议你把青春自然美展现在大家面前，妈妈给你买了一盒润肤霜，至于其他的，就不要用了，它们不适合你。"强强疑惑地洗了脸，对着镜子看了看自己，觉得妈妈说的有道理，就对妈妈笑了笑。

在那个周末，强强在妈妈的陪伴下一起到商场买衣服。在购买过程中，妈妈建议强强根据自身的特点，买自然得体的运动休闲装，那样既合乎学生的身份，又能显示出青春活力，她建议强强不要买样式奇异的拉风服装。强强愉快地接受了妈妈的建议，买回了一套既时尚又合身的衣服。回到家，强强穿上新买的衣服，对着镜子照了照，高兴得直夸妈妈有眼光。

青春期也被称为“照镜子时期”，在那个特殊的时期里，没有人不关心自己的相貌。青少年爱美主要表现为对服饰、发型、仪表的完美追求，有时会挑剔到吹毛求疵的程度。他们经常照镜子，有时会因自己变得越来越靓丽而惊喜不已，有时会因为对发型不够满意而愁眉不展，有时仅仅是因为感觉自己的鼻子大而郁闷不已。不光是女孩子，男孩子也爱把身材、面容、言语、个性与同龄人相比，如果对自己的外在素质不满意，就会产生各种焦虑烦恼。比如，男孩比较重视身高和力量，因为这是衡量男子气概的重要素质，他们常常会发问：

“我是有男子汉气概的人吗？”

“我是女孩子喜爱的类型吗？”

“我能够吸引女生的注意吗？”

如果他们的这些评价或判断得不到矫正，就很容易影响学习和成长。有些父母错误地认为，孩子的主要任务是学习，必须心无旁骛。一旦发现孩子热衷于追求外在形象，就认为是爱打扮、臭美，要么对孩子冷嘲热讽，要么严厉地制止，这样反而容易激起孩子的逆反心理。

妈妈最想对你说的话

亲爱的儿子：

爱美之心，人皆有之。对于你照镜子、打扮自己等行为，妈妈非常理解，因为妈妈也经历过青春期，那时候妈妈可爱美了呢！只是妈妈发现如果总是想着自己美不美、别人喜不喜欢自己，就会分散学习的精力，影响学习成绩。

青春期的你充满活力，精力旺盛，身体正在茁壮成长，这个时候你们男孩子会变得更健壮、更高大，这本身是一种不可多得的自然之美，如果你过分追求所谓的“美”，在头上弄出花里胡哨、五颜六色的发型，或是在脸上涂上胭脂水粉，再或者在身上喷些香水，就会让你显得不伦不类，反而会影响你的整体美感。

妈妈知道，每个青春期的男孩都非常重视自己的外貌，但遗憾的是几乎没有一个男孩会对自己的整体感觉良好。很多男孩子之所以过分关注自己的外貌，是因为对自己不够自信。如果刻意去打造所谓的完美形象，就会影响到纯真的青春之心，干扰正常的学习和生活。

孩子，健康、活泼、青春是你最大的资本，也是你最美的地方，你的美不需要刻意去修饰，你的美只需自然地展露，那才是最本真、最纯洁的阳刚之美。你应该知道，美既有外表的，也有内在的，如果能使二者达到和谐统一，那就是最完美的。如果你能用健康的审美情趣塑造自我，创造美好的生活，同样是美的、是精彩的。所以，你应该求完美，更要求精彩，让青春岁月在不断的追求中闪光。

——爱你的妈妈

为什么和女孩子说话会紧张

荣轩在上小学之前，是个较为活泼的男孩，紧张、羞涩等词似乎与他扯不上关系。可奇怪的是，当他进入青春期后，就像变了一个人似的，不太爱讲话了，尤其是在和女孩子说话时，紧张得不知道如何措辞，经常无法准确地表达自己的意思，说话时经常因为用词不当而遭人笑话或误解。

在课堂上，荣轩再也不像以前那样积极举手发言了，他觉得站起来发言如果答错了，是一件很丢人的事情。课余时间，他很少和同学来往，据说与他最好的朋友就是同桌，一个活泼开朗的男孩子。平时同学们只看到他和同桌谈笑风生，一旦女生好奇地过来插话，荣轩就会马上停止讲话，有时候他很想讲出自己的想法，可是面对女孩子他总显得不那么自然和放松。

一次荣轩的妈妈参加了家长会，她从班主任那里得知荣轩上课发言不积极，不善于与同学交往，才意识到问题的严重性。通过与荣轩交流，妈妈了解到他最害怕的是和女孩子说话，他总是担心自己说错了话遭到别人的嘲笑。荣轩之所以有这种心理，是因为他曾经和一个女孩子说话的时候，用错了一个词，遭到那个女孩的嘲讽，使他感到无地自容。进入青春期后，他的性别意识逐渐觉醒，希望在女孩子心目中留下好印象，因此生怕在说话的时候出错，毁了自己的形象。于是他干脆不和女孩说话，如果说话，那多半会结结巴巴，紧张得不得了……

从荣轩身上，我们可以发现他是一个性格内向的孩子，这可能是由家庭教育、成长环境和自我心理等共同因素作用的结果。不管何种原因形成的内向性格，其实都可将其分为两类——真内向和假内向。

真内向具有以下特征：一是不主动和外界接触，被动的情况下，可能也只是应付一下；二是不想和别人接触，缺乏与人交往的兴趣；三是没有迫切改变自己的愿望。而假内向与之不同，在生活中，有很多假内向的人，他们在和自己最亲近的人（如父母、好友等）交流时能说会道、滔滔不绝，表现轻松自如。但是到了某些环境中，比如和不是很熟悉的异性、老师说话时，就紧张得张不开嘴。

有些男孩平时不怎么说话、性格内向，只和班上一两个同学关系很好，和其他人也没什么话说。尤其是在异性面前总是觉得不自在、紧张和脸红，他们没有勇气和异性接触，也不知道和她们聊些什么。

进入青春期后，很多男孩子遇到了一个问题，他们渴望和女孩子交往，可是又羞于和她们说话，他们经常在这种矛盾的心理中挣扎。每次和女孩子说话的时候，他们都会不由自主地紧张起来。平时很随便的人，一旦和女孩子说话，也会装出正经的样子。所以每次都很难受，弄得女孩子也不喜欢和他们说话。而当他们与漂亮女孩说话时，更是兴奋而又紧张得不得了，有的男孩甚至后背冒汗。

妈妈最想对你说的话

亲爱的儿子：

和异性说话紧张是一种正常心理。很多男孩都有这种心理，只是紧张的强烈程度不一样。心理学家认为，紧张是一种有效的反应方式，是适应外界刺激和困难的一种准备，因此紧张并不全是坏事。然而，持续的紧张状态，会严重干扰机体内部的平衡，甚至会导致疾病。所以，你应该努力消除与异性说话时的紧张情绪。

当你和女孩子说话时，如果出现了紧张情绪，不要用“别紧张”等否定词来安慰自己，因为这种办法是行不通的，它会让你感到更加不安。这样做是在和自己过不去，是在给自己制造更大的紧张。在这里，妈妈给你介绍几个行之有效的消除紧张的方法：

(1) 自我鼓励法。在现实生活中，我们经常会看到这样一幕：小孩子手里拿着一个玻璃杯，妈妈在一旁不停地提醒："不要把杯子打碎了，不要把杯子打碎了。"结果孩子还是把杯子打碎了。更有趣的是到了晚上，妈妈嘱咐小孩子不要尿床，但结果小孩子偏偏尿床了。

为什么会这样呢？从心理学角度讲，人的潜意识是很难分清是非对错的，它只接受肯定的信息，对于不要紧张、不要打碎、不要尿床等否定信息一概排斥，潜意识只接受紧张、打碎、尿床等肯定信息。所以，越提醒自己不要怎样，结果很可能就真的那样了。

所以，在与异性说话时，你应该充满自信，要在精神上鼓励自己去放松，鼓励自己去争取成功。你可以用积极正面的文字暗示自己，"我的话对异性很有价值，他们一定会喜欢听的。"同时想象别人对你说出的话非常认可的情形。

(2) 目光训练法。和别人说话时，要学会目光接触，如果总是低头，侧身与人说话，不但对别人不尊重，还会影响交流效果。你要用自己的眼神与别人对话，要在气势上压过对方，这样你才不会那么紧张。因此，在家里你不妨跟妈妈练习对视，在此过程中不要讲话。如果你养成了这个习惯，那么和女孩子讲话的时候就不会那么紧张了。

(3) 深呼吸法。害羞使人呼吸急促，因此，当你紧张的时候要学会深呼吸，心里默念数字，强迫自己缓解压力，为建立自信打下基础。

(4) 注意力转移法。与异性说话不要那么严肃，女孩子不喜欢与一个总是一本正经、严肃的人打交道。因此，与她们说话时，开始的时候你不妨握住一样东西，比如一本书、一支笔。握着这些东西，对你来说会感到舒服而且有一种安全感。与此同时，你还应放松下来，说话的时候可以做一些手势动作，这样会让你显得不那么拘谨。

(5) 加强学习法。很多人害羞、紧张，是因为知识面狭窄，如果你有丰富的知识，别人说什么你都能对上话，那样你还会紧张吗？所以，加强学习，不断提高知识积累，丰富个人阅历，才能让你口吐莲花，这样在女生面前说话你会自信许多，紧张的心理自然而然就消失了。

总而言之，消除紧张心理的方法很多，妈妈希望你不断尝试，不断改正自己的缺点，相信你会成为一个谈吐风趣、受女孩子欢迎的男孩。

——爱你的妈妈

为什么会出现性幻想

小天在一次课上的时候，发现自己的同桌在偷偷看一本书，而且同桌脸蛋红红的，悄悄地笑，两腿还不自然地在地上动来动去。小天偷偷往下一看，发现同桌的裤子里凸起一块。小天知道，这家伙勃起了。他很好奇，便偷偷地去看同桌在看什么书。结果发现书页上印着一个美丽的男孩和女孩在亲吻的图像。小天心里笑笑，没有放在心上，但是他却感觉到自己的身体似乎也起了反应。晚上回家后，他在看电视的时候，看到男主角深情地吻着女主角，自己的身体再次起了反应。他不好意思地转身走开去了自己的房间。

到了青春期，许多人都会对性有高度的敏感度：看到有关两性内容的书或电视，自己会产生莫名的冲动和兴奋，男孩甚至会阴茎不由自主地勃起，脑子里时常情不自禁地想入非非。于是，有的人会认为自己变坏了，脑子变复杂了，为此很懊悔自责。

这都是青春期惹的“祸”。这是发育过程中正常的性生理和性心理现象。男孩子的性腺在出生后基本处于沉睡状态，因此，儿童期不会产生性兴奋。只有到了青春期，他们的性腺开始发育并逐渐趋于成熟，于是在它的作用下，会产生雄性激素。在激素的作用下，男孩子们就会产生性意识，就会对与性有关的东西产生好奇探究的心理，并且时时产生性冲动，这是青春发育中再正常不过的现象。

但这时的男孩子无论身体或心理，都远未成熟，还不能如成年人那样，通过合法的夫妻关系满足自己的性欲望，于是，常常在性的刺激下产生与之有关的联想，这就是所谓的“性幻想”。

这种联想是非常不稳定的，会使其容易出现过分的冲动，让理智让位于冲动，不能控制自己的情感和行为。难免做出傻事，一失足成千古恨。所以一定要引起注意。

正如著名性学家贺兰特 · 凯查杜里安指出的，性幻想是所有性现象中最为普遍的，很难想象什么人会没有这种心理。性幻想中还会伴有相应的情绪反应：或欣喜若狂或怏怏不乐，由此获得一定的性满足。性幻想对进入青春期的

对于青春期的男孩子来说，性幻想是发育过程中正常的生理和心理现象。

孩子来说，是正常的性生理和性心理现象。但是，承认性幻想是相当普遍的正常的性心理现象，绝不是说可以沉湎其中，因为青春期是人的黄金时期，要做的事实在是太多了。

妈妈最想对你说的话

亲爱的儿子：

别太把性幻想当回事，有时候想想就想想，不必为此而自责自罪，这样反而会使你对性幻想淡漠一些，这一点很重要。但是，在平时，你要注意把自己的精力集中到学习和其他丰富多彩的活动上去，不要接触黄色淫秽书刊，那些书刊对青春期男孩有很强的挑逗刺激作用。

要知道，人的大脑活动有一个特点，就是同一时间只能有一个兴奋中心，这就是平常说的“一心不可二用”。当你满怀兴奋地去做你自己喜欢的而且很有意义的事情的时候，性幻想也就不辞而别了。

——爱你的妈妈

你为什么爱在女孩面前表现自己

志泽上初一，因为他的问题，父母1个月被班主任请到学校4次，爸爸气得要打他，妈妈见了他就失望地叹气。究竟是怎么回事呢？原来志泽像是吃错药了一样，在学校一个劲儿折腾：他上课不专心听讲，总是左顾右盼；老师讲课时，他就抢着接话茬儿；一下课，他就和女孩套近乎，主动把钢笔、手机、随身听等物品借给女生；晚上在宿舍里不睡，大侃班里的女孩谁最漂亮；最气人的是，上体育课的时候，他突然伸腿把跑跑跳跳的女孩绊倒在地……老师非常生气，才连续把他的父母请到学校来。

难道志泽吃错药了吗？难道他开始不学好吗？其实非也，因为志泽处于青春期，有了明显的性别意识。要知道，处于青春期的男孩为了满足自己想接近女孩的需求，常常在女孩面前表现自己，以求得到对方的认可。比如，有的男生喜欢逞能，以显示自己的勇敢和坚强；有的男孩喜欢表现自己的聪明才智，为女孩子排除学习上的困难；有的男孩喜欢在女孩面前显摆自己有钱，有魅力；有的男孩会与女孩小打小闹、嘻嘻哈哈；有的男孩甚至通过怪异的打扮，来吸引女性的眼球……这些现象在中学生中很常见。

在青春期，男女同学之间自然而然会有一种彼此接近的需要，产生互相吸引的心理。就男孩而言，他们迫切希望引起女孩的注意，赢得女孩的好感，特别喜欢在女孩面前表现自己的能力和才华，甚至还会以摆阔的方式来赢得女性的好感，有的男孩子甚至故意挑逗、捉弄女孩子，以期引起她们的注意。

妈妈最想对你说的话

亲爱的儿子：

妈妈知道，每个人都希望在别人尤其是在异性面前展示自己好的一面，隐藏自己的不足，表现自己的优点。这没有错，因为展示自己好的一面是一个人的权利。但是自我表现应该讲究方式方法，而且在不同的女孩面前要分别对待，不然会造成不良的结局，弄得大家都不愉快。

有些男孩喜欢对女孩指手画脚，以为表现得比女孩强，就能“征服”她们，其实这样做不但无法让女孩喜欢上他，反而让人反感。在女孩面前，经常争强好胜，锱铢必较，滔滔不绝地表现自己的知识渊博，只能被人讨厌，无法给人留下良好的印象。

有些男孩缺乏自信又好面子，什么事情都要争个输赢，一旦对方的意见与他的不一致，他就会找出许多论据来反驳对方。殊不知，这样做显得太过高调，没有顾及到对方的颜面，会损害别人的自尊心，这样显然是不受人欢迎的。

有些男孩喜欢在女孩面前虚张声势，喜欢用旁若无人的高声谈笑、夸张的表情和动作来表现自己，这样做或许能引起女孩子的关注，但是不可能被女孩子真心喜欢，还很容易被其他男生妒忌。

有些男孩子为了讨好女孩子，夸大自己的优点，回避自己的缺点，贬低别人的优点，这不仅是不道德的，也有失风度。无论什么时候，你都要知道，尊重别人是人际交往的首要原则。你是否尊重别人，你的一言一行都能表现出来。

妈妈知道，你还是一个孩子，“表现”是首要的，表现的方式也是首要的，表现的“内容”是次要的。就像你想上台表演，无论是唱歌还是跳舞都不重要，重要的是你有勇气走上台，并表现得彬彬有礼。

妈妈最希望你做到的是谦虚，这对自我表现尤为重要，如果不懂得谦虚待人、谦虚处事，你就很容易陷入过度表现之中，变得狂妄自大，扬扬得意，以至于无法正确认识自己，无法正确评价他人。要知道，这样的后果是非常严重的，它会使你失去别人的尊重和欢迎。想要避免这种情况出现，你就要做到谦虚一点、低调一点，明白了吗？

——爱你的妈妈

为什么对女孩有莫名的好感

有位初二的男孩有一天焦急地对妈妈说："妈妈，我最近不知道怎么了，总是会想女孩，很想和女孩说话了，有时看到女孩过来，就不自觉地迎上去，喜笑颜开地打招呼。在学习活动中有女孩在场才觉得有劲，和女孩一起做事，总想显示自己，以引起女孩的注意。妈妈我这是怎么了，我是不是个坏孩子，或者人们常说的'放荡'的男孩？我很害怕。"

还有一位初中老师也发现自己班上的男同学突然很喜欢看一些"不好"的东西。首先是那个在班上学习成绩算是很不错的小刚。有一天，在上语文课的时候，老师像往常一样在教室里走动，经过小刚的课桌旁的时候无意中看见小刚的桌上胡乱放着一本活页本，上面用红笔写着《语文学习材料》。老师很高兴：这孩子真是爱学习，不仅功课学得好，还自己弄课外材料。于是，老师便随手拿起来翻翻，却吃惊地发现上面都是从连环画和杂志上剪下来的裸体画。老师很生气，这么小的孩子怎么喜欢这种东西呢？他是不是变成坏孩子了？可是，后来他发现班上很多孩子都有这样的东西。

可以肯定地说，这些青春期的男孩子不是变坏了，他们也不是放荡的男孩，大可不必害怕，也不必担忧。随着他们进入青春期，随着性发育的逐渐完善，自然而然地会关注性问题，会想女孩，会收集和女孩相关的信息，对异性好奇、有好感、想接近异性，这是正常现象，是性意识发展到一定阶段的必然表现，这是生长发育过程中的正常现象。如果哪个青春期的男孩子从来没有出现过这种表现，反而不正常了。

俗话说“男女搭配，干活不累”，从另一个角度来说，这样的现象也有其有利之处。

进入青春期以后，男孩子由于性激素的分泌、第二性征的出现，使身体外形及体内功能发生了很大的变化。男孩子会变得性格开朗、勇敢刚强、果断机智，不拘泥于细枝末节，不计较点滴得失，好问、好动、好想，在思维方法上偏重于抽象化，有很强的概括能力。而女孩则往往文静怯懦、优柔寡断、感情细腻丰富、举止文雅、灵活、委婉，有较多的被动意识，更有形象化思维，观察细致，想象力丰富。双方相互交往，可以取长补短，更好地提高自己，完善自己的个性。

妈妈最想对你说的话

亲爱的儿子：

我的孩子，听到你这样说，妈妈很高兴，这说明你在渐渐地长大，这并不是什么坏事，反而是你开朗、纯真的个性的表现。在进入青春期后，你的生理上会发生巨大的变化，心理上自然也会发生一些微妙而复杂的反应，异性间的相互交往及由相互吸引而产生的愉悦的情绪体验是良好的、积极，它不仅对你的身体健康大有好处，也会有助于你的心理健康，激发你的潜能，所以你大可以自然而正常地表现出来，而不要过分地压抑或扭曲自己，以免造成一定的心理障碍。这种堂堂正正而坦诚的交往对你的身心健康及学习生活都有着良好的促进和影响。

——爱你的妈妈

你真的爱上她了吗

去中学报到的第一天，浩宇和一个女生在路上相识，后来浩宇才知道她和自己是一个班的，她叫刘颖。那时候浩宇觉得和刘颖非常有缘，刘颖也非常欣赏他，他们谈话很投机，于是一段时间后他们就成了好朋友。在后来的学习生活中，他们经常互相帮助，互相探讨问题，一起参加各种活动，可以说他们俩基本上形影不离。

原本这样的生活挺快乐的，可是最近浩宇却非常烦恼，因为刘颖是个性格开朗的女孩子，所以她和很多男生都能打成一片，可是浩宇每次看到她和其他男生说话，就感到非常不舒服。于是在不知不觉中，他就对那些男孩子有了成见，人际关系方面的矛盾也多了起来。有时候浩宇上课都没有精神，成绩自然跟着往下掉了。

更糟糕的是，班主任居然知道了这件事，还把浩宇调到了另外一个班。可越是这样，他越想和刘颖在一起，虽然浩宇也知道这样会严重影响学习和生活，可是没有人了解他，只有刘颖能了解。于是浩宇把她的名字写在胸前，说他爱上了她，谁也别想分开他们。这些话引来大家的一阵阵嘘声，也伤害了刘颖。

很显然，浩宇认为自己真的爱上了那个女孩，他把友情当成了爱情。这是很多青春期的孩子容易产生的认识偏差。处于青春期的孩子由于缺乏社会生活的体验，思想单纯，经常分不清什么是友情，什么是爱情。有的男孩错把女孩对他的好感当做爱情，一时冲动、盲目追求，结果不但严重影响了学习，也给自己和对方带来了痛苦和烦恼。

生活中，当一个男孩频繁想到一个女孩的时候，就认为自己爱上了她，于是开始把对方当做自己的女朋友来对待，看待事情的时候也带上了一层爱情色彩。当其他男孩和他的“女朋友”打得火热时，他便在一旁吃醋，暗自生闷气。“女朋友”的一举一动，一个微笑，一个苦闷的表情，时刻都会牵动他的心。在这种情况下，他怎么有心思对待学习呢？从另一个方面来说，男孩子这种行为纯属单相思，或许称得上是暗恋，但绝对不是真正的爱情。因此，千万不要认为和某个女孩子玩得好，就认为自己爱上了她，这是一种幼稚的想法。

妈妈最想对你说的话

亲爱的儿子：

步入青春期的你会开始对异性产生兴趣，并注重自己的打扮、服饰等，这是青春期正常的心理表现。你们男孩子会被周围女孩子文静温柔的气质、姣好的容貌所吸引，而女孩子则因周围男孩子的英俊潇洒、刚毅威猛而产生倾慕。有时你们可能会与女孩子大胆地传纸条、写书信，甚至以约会的方式进行交往，有时还会用相互嬉闹的方式博得同异性接触的愉悦体会。

在这一期间，男孩子和女孩子产生的爱慕之情是一种纯洁的情感流露，并非严格意义上的恋爱，妈妈只希望你珍惜与女孩子的纯洁友情，珍惜异性朋友，除此之外，妈妈建议你不要把这段感情想象成爱情。如果因为某个女孩和你关系不错，对你比较欣赏，你们在一起相处得很快乐，就认为自己爱上了她，那就错了。

有人说友情是严冬里的炭火，是炎夏里的绿荫，是急流里的踏脚石，是迷雾中的航海灯。友情比爱情更单纯，多少中伤的缝隙、误会的裂痕，多少时空的阻隔，都不能摧残心灵的花朵。友情也是一种美好的感情，因为有它，你可能惦念某个女孩，因为有它，你可能觉得和某个女孩相处时非常快乐，有了它，你会觉得生活更加美好。是的，这就是友情带给你的感觉，而爱情却不是这样。

想要不断深化友情，就需要彼此在学习和生活中不断交往，对此妈妈不会阻拦你，妈妈知道你能把握好与异性交往的“度”。妈妈建议你与异性交往不要太集中于某一个人或一个小范围，否则你会失去与多数伙伴交往的机会。作为现代社会的青少年，你应该广交朋友，多交与自己性格、兴趣不同的异性朋友，只有这样才能更加深刻地体会人与人之间的纯洁友情，彼此取长补短，共同进步。

——爱你的妈妈

初吻如此甘甜，竟让你这般迷恋

那年夏天，立辉14岁，正是情窦初开之时。他和同桌——一个小他几个月的女生关系非常微妙。他们已经同桌两年了，家也离得很近，经常一起上学、回家。两人在生活上彼此互相关心，在学习上互相帮助。每次放学回家的时候，那女孩都会乖乖地跟在立辉的身后，两人在马路上，总是保持着一个身位的距离。

暑假里，立辉和同桌的女孩经常相约晚饭后一起出去溜达，有时候还会叫上其他同学在一起小聚，或许那就是他们恋爱的开始。有一次，女孩约立辉去看电影，看的电影名叫《天子门生》，但情节和主演立辉早已忘记了。

电影大厅里的人不多，他们又鬼使神差地坐到了最后一排。空调的冷气不断吹在他们的身上，女孩告诉立辉她有点冷，让他握住她的手。立辉照做了，她的手很凉，刚刚握住的时候立辉的手还有些颤抖。女孩不停地问电影中某些情节有什么意思，由于音响很吵，立辉只好贴近她的耳朵，才能听清楚。

突然女孩转过头来看着立辉，两只眼睛一闪一闪的盯着他的眼睛。突然间，立辉有一种吻她的冲动。立辉一次次想去亲吻她的嘴唇，但心里十分紧张。其实，立辉也感受到她急促的呼吸声。当立辉多次尝试因为没有勇气而告终的时候，他便慢慢地把头缩了回来。这时，女孩猛地把嘴唇递了上来，那嘴唇很湿，很软。虽然那一刻仅有一秒钟，但感觉却像一个世纪。

立辉的脸像个熟透了的红苹果，女孩害羞地低着头，脸也红得像熟透了的西红柿。几秒钟之后，立辉才有一种种窃喜的感觉——我和女孩子接吻了。而后他们没有说话，手还是紧紧握在一起，手心全是汗，是激动还是紧张早已说不清了。这就是立辉的初吻，是那么甘甜，那么让人迷恋。

初吻，不论是当年罗密欧和朱丽叶之间的初吻，还是现在青春期少男少女间的初吻，都是一次值得回忆的人生体验。初吻是人生记忆深处最亮的一点，有研究证明，初吻的神奇和美妙往往比大喜大悲的事更容易被记忆。人们对初吻时90%的细节都能记忆犹新，但对当时穿什么衣服以及结束接吻后说了什么却记不清。

美国印第安那州印地安那波利斯大学的研究人员朱利·林克先生说：“我们一直认为第一次性体验应该占第一位，但大大出乎我们的意料之外，绝大多数的被调查者都把初吻列为第一位，他们说那是他们一生中最难忘的。”

当然了，并不是所有的初吻都那么美好。20世纪60年代世界著名模特西莉娅·哈蒙德表示，在她16岁的时候被一个年过30岁的意大利著名演员吻了，那就是她的初吻，遗憾的是她并没有那么心动，相反，感到很伤感，她说：“我的美貌把他吸引了，他对我一往情深，但是当他吻我的时候，我却十分惊慌，因为我觉得与这个老男人接吻，是一件可怕的事情。”

无论初吻的感觉是美妙，还是惊慌，都是那么刻骨铭心，无论是怎样的一次初吻，对每个人来说都是一辈子最难忘怀的。

妈妈最想对你说的话

亲爱的儿子：

有人说初吻是一首诗，很美很纯，有人说初吻是一幅画，上面画着你和她。青春期的你或许还没有尝过初吻的滋味，你对初吻又是怎样看待的呢？每当看到电视上男女亲吻的镜头，每当看到身边有人接吻时，你会不由自主地想："亲吻到底是怎样的一种感觉呢？"在青春期性激素的作用下，你对异性充满了期待和接近的好奇，即使你嘴上不说，内心也是对初吻充满期待的。

其实妈妈知道，每个孩子都盼望着哪天打开窗户，就会出现一个美丽的公主或一个骑白马的王子，然后你们在满是繁星的夜空里自由飞翔。说的现实一点，你渴望一个年轻美貌的女孩或帅气的男生笑着对你说："我喜欢你，我们交朋友吧！"这样的话叫谁听到了都会怦然心动。

然而，青春期的你并不适合谈恋爱，初吻也不应该出现在这个时期。毕竟你还是学生，你有自己要做的事情，另外就像小沈阳说的那样："骑白马的不一定是王子，有时候可能是唐僧！"其实美丽的女生也并不一定是你的公主，王子与公主终归是一场美丽的梦。偶像剧里的浪漫爱情情节，在现实中是很难重现的。

妈妈想说的是，初吻的感觉是美好的，你要等到时机成熟的时候方能享受这种感觉。现在，你要做的是认真对待学习，积极与人交往，等你长大成人了，走入社会了，再去寻觅一个与你真心相爱的人，和她共享你的初吻吧！

——爱你的妈妈

早恋是一朵带刺的玫瑰

15岁的陶陶的班上转来了一个漂亮的女孩。这个女孩不仅长相好，性格好，而且学习特别好。她在转来后的第一次考试中就把陶陶从稳坐了很久的班级第一名的宝座上给挤了下来。陶陶很不服气，女孩也好胜，两人便开始了明里暗里的较劲，免不了唇枪舌剑。老师也有意培养这两个学习尖子，常常在下课后给他们俩单独上小课，这样，两人相处的时间也多了。后来，时间长了以后，陶陶发现自己一看到那个女孩就脸红，连看都不敢看她。而女孩也对陶陶产生了好感，两人常常在下自习后撇开其他人去玩。在一次酒后，陶陶鼓足勇气吻了女孩。从此以后，上课的时候，老师在上面讲得眉飞色舞，陶陶在下面就是听不进去，他满脑子都是那女孩的亮晶晶的眼睛、她的一颦一笑和苗条的身段；夜晚躺在床上，他会忍不住回味她的目光，甚至连考试的时候也会想起她。于是，在女孩转来的半年以后，陶陶的成绩一路下跌。有一次，他和女孩单独出去玩的时候被同学撞见了，于是第二天，陶陶恋爱的消息就传遍了校园。走在路上常常有人指点着他说："这就是那个早恋的人啊，这么普通，真不知道那么漂亮的女孩怎么会喜欢上他？"陶陶无法控制自己的感情，也无法承受同学的指点，便开始频繁地逃学。

早恋早已经不是什么新鲜的话题，随着社会的发展与开放，关于两性和爱情的种种信息通过四通八达的大众传播媒介传到了孩子的耳中，冲撞着他们，感染着他们。再加上生活水平的提高，孩子们的发育成熟普遍提前，出于人的本性，对异性产生一种朦胧的意识是必然的结果，这样早恋就很容易出现，很多孩子在成长的过程中都遇到过这个问题。

其实，当孩子慢慢进入青春期，对人生、对社会、对世界渐渐地有了自己的看法，但这种看法还比较幼稚、片面，还处于不断的变动时期，无法客观、理智地看待自己和他人，也无法正确地把握感情。他们虽然意识到了异性之美，却还来不及思考在恋爱中应该注意什么，应该负有什么样的责任和义务，还来不及控制自己，就把这种似是而非的爱情当做爱情。不能不承认，恋爱是一朵美丽的玫瑰，但是早恋却是一朵带毒刺的玫瑰，没有肥沃的土壤，无法结出甜美的果子，虽然美丽，却也伤人。15岁的陶陶就是被这样一朵不该开放的玫瑰伤到了。

面对孩子的早恋，"堵"往往只能让孩子在错误的路上走得更远。所以，此时，"疏"比"堵"更合适，引导比打骂更有效。父母要善于用暗示和提醒之类的言语去点拨孩子，从早恋及其负面影响着手，培养孩子树立自尊自爱的情操。

更重要的是，青春期的孩子虽然并不能称之为一个真正独立的个体，但他们也有获得尊重的心理需求，对于早恋，父母要尊重孩子，耐下心来听孩子内心深处的呼唤，理解他的烦恼，引导其走出感情的旋涡，及时坚定地制止孩子的早恋行为。

此外，很多时候，孩子的很多行为并不能说明他就是早恋。父母千万不要听风就是雨，妄下结论，冤枉了孩子。要请先搞清楚孩子是不是的确在早恋，如果不是，就不要大惊小怪。父母若粗暴干涉，反而会令孩子产生抵触心理，甚至故意“制造”一段恋情来刺激父母。

妈妈最想对你说的话

亲爱的儿子：

所谓的“爱”是在建立牢固友谊的基础之上，以欣赏、理解、尊重、信任、包容和呵护朋友之心，让自己和朋友时刻能感受到轻松、幸福、悠闲、自在的情感体验。说白了爱就是对人或事物倾情、爱慕，它的实质是与倾情、爱慕的人共同享受时光、思想、信念和行为所带来的欢乐，并无偿地伸出援助之手来为对方分忧解愁。当爱发展成为爱情时，上面的这些就变成了双方对等的思想和行为。

爱情是一个美丽的词汇，在该来的时候来，那会是一种甜蜜的味道，而早恋就像没有长熟的苹果，吃起来会感觉涩涩的，而且在不该采摘的时候采摘，也真的可惜。所以，在青涩的岁月里，爱情应该被珍藏在心灵的保险柜中，让爱的种子得到心灵的温暖和看护。

妈妈承认，早恋是圣洁的，是年轻人纯真性格的体现。但是，你还很年轻，你的路还很长，你以后的成就会比现在大得过，你所面对的世界也会更广阔，那时候，你的选择会比今天更适合你。

妈妈还要告诉你的是，爱情不是一时一刻的激情和冲动，真正的爱情是彼此相知相惜，是一种责任和义务。它需要有坚实的基础作支撑，才能够长成一棵参天大树。

不要害怕等待会让爱情远去，只要你是白马王子，那么无论什么时候，你的白雪公主都会在那里等待你。在等待之后，时间和阅历的洗礼会让你成为最优秀的男人，给你爱的女孩子坚实的遮风挡雨的臂膀。

所以，现在你要学会把握感情，做感情的主人，在理智的指引下走出这朦胧的世界，把自己的精力和热情集中到学习和集体活动中去！

——爱你的妈妈

暗恋是苦涩的，也是甜蜜的

一天晚上，伟宸和楷瑞坐在宿舍门口的台阶上，伟宸问楷瑞："你喜欢过女孩子吗？"

楷瑞略微迟疑了一下，说："有，有过的。怎么突然问这个问题？"

"没什么，我只是随便问问。"伟宸回答。

"你呢？"楷瑞接着问伟宸。

"我也喜欢过一个女孩，可是她已经不在我们学校了……"伟宸不无忧伤地说。

"什么意思啊？"楷瑞有些不太明白，忙问。

"我是说她已经转学了、出国了，去了新加坡。"

"那她喜欢你吗？"楷瑞好奇地问。

"不知道……我一直暗恋她。"伟宸叹了口气说。

"你们现在还保持联系吗？"楷瑞问。

"没有了。她就像在我的世界蒸发了一样，再也没有消息了。"

"哦，看来你真的有点可怜，暗恋的人都看不到了，我还好，起码每天都能看到自己喜欢的女孩……"

听了这话，伟宸似乎很有感慨，他说："是啊，我可怜啊，她既是我忧伤的源头，也是我忧伤的终结。当初她是我全部生活的重心、支点，要是班里没有她，我想我可能连上学都不想去了。"

楷瑞静静地听着，伟宸慢条斯理地说着："她的头发有些自然卷，发梢微微发黄；她的皮肤白嫩白嫩的。我也只记得这么多了，她就是我心目中的仙女。"

楷瑞轻声问道："你是什么时候开始喜欢她的呢？"

伟宸说："让我想想，想想，是在13岁的时候，刚上初一不久，我从教室外面走进去，她正好从教室出来，我们几乎撞在了一块儿。她'啊'的叫了一声，抬头看了我一眼，便匆匆跑出去了。那时她梳着马尾辫，当时我们在相撞之后大约对视了5秒，那短短的5秒就像有5天那么长。我的脸立刻红了，她的脸也红了。在这之前，我们只知道对方的名字，连一句话都没说过，从那以后我就喜欢上了她……"

暗恋现象会出现于多个年龄层，在儿童、少年、青年、中年甚至老年等群体中，都有暗恋的现象，但以青少年之间的暗恋居多。同样，暗恋的现象出现在少男少女身上的概率是相当的。

暗恋现象多发生在情窦初开的青年人中。暗恋可能是不经意间发生的，也可能是刻意的。或许因为现实中的种种压力和阻力，不得不把感情埋藏在心里。中学生面临学业及家长、学校的压力，在情窦初开的年纪，偷偷暗恋的情况较多。当然，暗恋也与自身的爱情观有关。另外，暗恋的对象通常是朋友、熟人、工作地点常遇见的人、团体聚会中的某人。无法表白可能是由于恋人关系与现实不合，或者表白会被拒绝而影响两人的关系引发尴尬的情况。

暗恋是一种腼腆的爱与喜欢，是一份不愿说出口，但一直坚守的感情，它仅存在于单方面。无法表白以及充满爱意的情况会让一个人抑郁、焦虑、缺乏自信、情绪起伏大。

有人说，暗恋是甜蜜的，是火辣的，是心酸的，也是苦涩的。当你看着自己暗恋的人时，那种感觉比喝了蜂蜜还甜，那种幸福感会在你的心头一直萦绕，甚至会冲昏你那单纯的头脑。当你与他（她）擦肩而过或偶然邂逅、四目相对时，你的心跳会突然加快，脸可能会刷地一下红了。那种刺激会使你心旷神怡、意犹未尽。

可是渐渐地，你最初的甜蜜与火辣的感觉慢慢减少，甚至完全消失。留给你的只有心酸和苦涩，它们像催眠的怀表一样，令你心烦意乱、学习心不在焉。这种酸与苦，不像天然的柠檬酸味一样吸引人，也不像巴西咖啡中的苦略带点香，令人上瘾。那种感觉是痛中带着点酸楚，酸中带着点苦涩，苦中再夹杂着痛。

在你暗恋一个人的日子里，你的心情会因他（她）而改变。就像人们常说的“你快乐所以我快乐”一样，或许你根本不明白为什么会这样，你为什么不能控制自己的心情，但暗恋的感觉就是这么神奇。当你看到他（她）满面笑容时，你知道他（她）没有烦心事，于是你也就很放心了，你受到对方情绪的感染，也变得满面笑容；当你看到对方郁郁寡欢或怒发冲冠时，你会顿生同情之心，你会猜想对方为何而苦恼，为何而发怒，你想了解对方身上究竟发生了什么事情，甚至和对方一样高兴不起来。

如果你偶然间得知她心有所属，你会萌生一种莫名其妙的心痛，或许用“心如刀割”一词都无法形容这种痛苦，或许比在伤口上撒盐还疼痛成百上千倍。这个消息就像是晴天霹雳，当你看到她为心仪的人而苦恼、伤心时，你会更加心痛。这时，有几个问号会突然在你的脑海冒出：要不要帮帮她呢？如果他们在一起了，那我怎么办呢？她不会因为我没帮忙而憎恨我吧？你既想帮助她，又害怕自己会伤心。最终的结果只有两种，一是为了一己私利没有帮助她，二是把她的快乐建立在你的痛苦上。

当你暗恋着某个人时，你会帮她处理很多发生在她身上的事情。或许你的付出对方并不知道，但即使这样你也能获得深深的满足。同样的道理，如果有人暗恋着你，你身边的许多小事会在不经意间被摆平。你的铅笔芯断了，有人会主动递给你一个削笔刀，你的橡皮丢了，第二天你的桌子上会出现一块新橡皮。

暗恋是一种纯净的情感，可能会被伤害，但暗恋绝对是无私的，是没有功利性和目的性的。它没有私心，仿佛是为了信仰而存在。在暗恋的初期，可能以为只是好感，等到爱在心中生根发芽，才发现它已经渐渐占据了心田。如果你能控制自己的情绪，可能会将这份情感埋藏于心底，如果你无法控制情感，可能就会大胆向对方表白，这个时候有可能被拒绝，还有可能伤害对方。因此，你一定要慎重。

妈妈最想对你说的话

亲爱的儿子：

暗恋是指没有表白的爱意，通常是一种没有回报的爱，自己心甘情愿为她付出，也就是常说的“单相思”，即单方面默默爱着对方。暗恋是一种单纯、无私、深刻的爱。无论你什么时候想起来，都会是心底最温柔的记忆。因为是埋藏于心底的爱，这种爱也是非常简单的，对每个人来说，都是一份难得的回忆。

通常暗恋是由于条件所限不愿表白，所以就搁置在心里。因此这是一件很矛盾的事情，虽然痛苦，却是心甘情愿地痛苦，也许这就叫“甜蜜的忧伤”吧。当你暗恋一个人时，你会有以下的举动或表现：

见了对方不敢正眼相看，心跳加快，甚至让你感到窒息；你极度想告诉对方你爱她，但就是没有勇气，因此你可能情绪抑郁；看到对方时，你喜欢躲闪，甚至马上逃掉；喜欢将目光停留于对方身上，比如对方在做什么，有没有写作业，和谁讲话等；非常想见到对方，眼睛总是不停搜寻她的踪影，表面上却装作不在乎，等等。

当你暗恋一个人时，你会冒出不切实际的幻想，尽管自己知道不应该如此不理智地幻想，但还是克制不住自己的期待，就算是失望，你也愿意一次次地受伤。在对方面前，你的每个动作，每句话，都会斟酌许久，生怕给对方留下不好的印象。当对方对你微笑时，你会欣喜若狂，当对方没有注意你时，你会非常失落。暗恋就是这样一种既苦涩又甜蜜的爱情。

如果你在偷偷暗恋某个人，你应该继续守护着这份感情，不必理会别人是否理解你的所作所为。但这是一道底线，你最好不要向对方表白，也不要为她否定了你而伤心欲绝，请你坚强地看清她，重新选择是否要继续下去。

如果你发现有人偷偷暗恋你，请不要将她的美梦打破，你无法体会对方所经受过的酸甜苦辣。请你不要伤害她，或许没有她，你也无法获得今天的快乐。因此，不妨将她当做你最忠诚的朋友。

——爱你的妈妈

走出失恋的雨季

一帆是一个高三学生，还有280多天就高考了，可是他却在这个时候失恋了。在这段感情上他很投入、很用心，他真的相信初恋就可以到永远的。可是在正式升入高三的前几天，女孩却和他说她不想继续了。这让一帆觉得有些不知所措。为了挽回她，一帆很努力地去改变自己，她说不喜欢他的情绪化，他就安安静静地待在她身边照顾她、关心她；她说学校的早餐太难吃，他天天偷偷从家里给她带便当。但女孩始终很坚决要分手。他很伤心，好几次问她原因，她却总是逃避，并不正面回答。后来，他有一次约她出去问她，她才告诉他说高三了，想好好学习，不想辜负父母的期望，还说他们做朋友比较好。可是他知道这只是其中一方面原因而已，更大的原因是她不喜欢他了，而她的一些哥们儿更是跟他说她其实从一开始就没有喜欢过他，只是当时她刚刚失恋，而他给了她很多安慰以至于让她有点心动而已。

他想看淡这段感情，专心学习，其他的等高考以后再说，可是他们是一个班级的，每天抬头不见低头见，那些从前的美好回忆常常涌入他的脑海，他就会情不自禁地流泪。他知道不应该看轻自己，应该潇洒一点，既然那么喜欢她，就应该给她她想要的生活，让她自由，没有负担地学习，可是他真的控制不了自己的感情，无法释怀。他总是在朋友面前装得很开心很快乐，不想让他们担心，也不敢让家里人知道，害怕家人失望，可是他心里真的很痛苦。

对于青春期男孩来说，早恋的过程并不是最大的伤害，而失恋这个结果才是。很多孩子因为走不出失恋的困局而使自己一生都无法正常地生活和恋爱。其实，无论是青春期的恋爱还是失恋都是一种宝贵的经验。

在青春期里，孩子们与异性交往的目的，并不是为了找到恋爱伴侣，只是为了了解异性，学会与异性相处，并在彼此相处的过程中培养友谊，提升自我。说得不好听一点，这时的恋爱几乎就是“练爱”，也就是练习爱，学会爱，在这种不断的摸索中找到一条追求幸福、和谐、喜悦与爱的路，学会怎样使双方都时时刻刻保持在一种和谐、愉悦和快乐的情绪之中，能用自己积极的思想和言行影响、督促、鼓励和鞭策对方勤奋学习，追求进步、提升自我；学会把握与异性接触的分寸，使自己和对方的身心都不受伤害；学习和积累自己在面对大是大非的时候调控自我情绪，以便使自己的情绪始终都想向积极的方向发展；学会积极主动、迅速地处理和解决自己的不良情绪，使双方都处于愉悦和快乐的氛围之中，以便更好地学习文化课程的能力等。

从某种程度上来说，青春期男孩的恋爱就好比过家家，只是在一个小小的壳里体会那爱与被爱的感觉和那一个个甜蜜的诱惑，一旦壳破了，爱与被爱的感觉以及甜蜜的诱惑也就不存在了，这时候，所谓的爱情也就破灭了。而事实证明，在青春期，这个壳的破裂几乎是毫无疑问的事情。所以在开始一段感情的时候，孩子们就应该做好分手的准备，并在这个过程中坦然地接受自己的身体变化，同时也接受自己的成长，在不断的感悟、体验、探索、实践、学习、创造和总结中获得温暖、美好、信任、尊严、坚强等美好的人生感受，并尽可能深地触及自己的灵魂，捕捉自己内心的真实的声音，并学会正确看待动人心魄的成长过程。当我们从这个雨季里获得了体验和提升，分手也并不是失败。

另外，青春期男孩恋爱具有动态性（感悟、体验、探索）和成长性（实践、总结、创造和升华）的特点，这就决定了青春期男孩时期的恋爱有一定盲目性，感性重于理性，纯真但不现实，同时动态性和成长性本身就包含了不稳定、不确定的诸多因素，所以这时候的恋爱与成人组成家庭的恋爱有着本质的区别，是很容易出现问题的。

妈妈最想对你说的话

亲爱的儿子：

当前，你的主要任务是学习，而不是恋爱，更何况你们现在“谈恋爱”的目的并不是组成家庭过日子，而是学习爱与被爱。所以，把自己的视线转移到学习之上，同时圆满完成当前的任务，既是爱自己，同时也是爱父母和爱对方的表现。反之，如果你对自己的未来都不放在心上，又谈何去爱别人呢？

更何况，虽然早恋是一种很普遍的现象，但这并不意味着它就是合理的，在你对异性还没有一个基本的把握、还没搞清楚真正的爱的情况之下，很容易会造成“一叶障目，不见泰山”的局面，不仅给自己未来获得幸福、愉悦和快乐带来困难、障碍，有时甚至可能是灾难性的，使自己陷入痛苦之中走不出来。

你要乐观地对一切，不能怨天尤人，更不能自我封闭，认为是自己的问题，每天沮丧消沉，沉浸在自己的苦痛里，而不理会周围的人的关心，不积极面对自己的生活。这样，只会让对方看不起。

走出失恋的阴影并不困难，只要你把与异性交往定位在发展普通朋友的基础之上，在圆满完成自己当前的主要任务的前提之下顺其自然地与她们相处，你就能够平安地度过这个时期。

——爱你的妈妈

被拒绝的爱一样美丽

小乔和一位高中同学刚开始只是见面点头的关系， 后来有了她的电话，他们经常联系，后来慢慢地他发现自己喜欢她了。两个星期以前他给她买了一顶帽子和一条围巾，然后他就告诉对方他喜欢她。她知道以后就开始躲他，不与他联系，也不给他一个明确的答案。现在她还戴着他送给她的帽子，但就是不接受他的爱意。他很迷茫，不知道该怎么办。

少男少女踏进青春的门槛时，自然而然要对异性产生好奇与爱慕。与异性交往的烦恼是最常见的问题。尤其是初恋，刚开始的的时候感觉非常美好而单纯。然而就是因为它单纯，所以也很脆弱。它的开始往往是迫不及待、无比强烈的，但是这种爱的表达方式不一定会被对方接受，这种爱也未必会得到对方的认可。一旦被拒绝以后，当事人就可能会感到失落，第一次尝到爱被拒绝的滋味。

这种来自对方的不认可对于一个心智还不是十分健全和成熟的青少年来说，他们的自信心很可能受到打击。其实这是一种不成熟的看法和心理，因为每个人的形象是由方方面面的因素决定的，而绝不可能是由某一个人来认定的。更何况，在生活中，有多少人能够第一次恋爱就找到相伴自己一生的人呢？你自己是不是也会有拒绝对你有好感并希望发展友谊的女孩子的时候呢？所以，被拒绝并不是什么值得感到羞耻的事情，也不值得你从此一蹶不振，搭上自己的青春甚至是整个人生。所以，青春期的孩子应该养成豁达大度的心胸，认真而豁达地看待得失，不必耿耿于怀。古人说得好：莫愁前路无知己，天下谁人不识君！只要你有足够的信心和毅力，认真地对待自己的生活和学习，努力扩大自己的人际圈子，自会找到欣赏你的人。

同时，你也可以想想，你对她的那份感情到底有没有你想象中的那么重要？你不妨进行一个心理换位思考，假如失恋的是别人，而他们失恋的时候你会怎么去安慰他，然后用同样的立场和观点来试着去说服自己。

其实，一个快乐而成功的人首先需要的一点就是自信。这种自信不是天生的，而是人们在生活经验的不断积累中培养起来的。人很容易形成对自己的消极想法，特别是遭遇挫折之后。青春期男孩的自尊心强，情感稚嫩，更易受伤害。但为了不让自己长期陷在不愉快之中，也是有许多方法调整心态的。例如适当地转移注意力，全身心投入学习，积极参加运动和娱乐活动，尽量让自己生活在集体之中，这样可以逐渐排解掉不良情绪。

当你感觉到失望的时候，不妨转移一下自己的注意力，多想想自己的长处和成功的经历，哪怕是微不足道的进步也会让你感觉骄傲，你的自信也就会在这种骄傲中得到重建。如果实在觉得难受，你就可以邀好友聊聊天，倾吐心中的不快，以发泄自己的情绪，但一定不要长时间停留在对方的拒绝中。

妈妈最想对你说的话

亲爱的儿子：

虽然你无法得到爱情，但是你可以得到友情。友情是人生中弥足珍贵的财富，它使人心灵纯净平和，心情愉快。如果你及时调整心态，与对方作一般朋友式的交往，保持友谊关系，也许彼此都会轻松愉快，也就能避免许多尴尬。当你长大成人后，这时的心动会成为一个美丽的记忆。

当你被拒绝了以后，你不妨当这是一场梦，梦醒之后还要重新设计自己的生活。你可以每10天给自己拟订一个与这位女孩接触的计划，从不敢面对到有一些主动的问候，到最后从容大方地共处。同时还要逐步扩大与同学交往的范围，以转移注意力。

——爱你的妈妈

如何抵制黄色书籍的诱惑

小黄是个品学兼优的孩子。可是忽然有一段时间，老师发现他上课时总是无精打采，看上去十分疲惫的样子。开始老师问他，他总是说没什么，老师想可能是学习太晚累的，就告诉他晚上好好睡觉，可后来听同学说他是因为常常去网吧上网。开始老师不相信——那么优秀的孩子，怎么可能因为上网就荒废了学业呢？直到有一次，老师偷偷地跟在小黄身后去了网吧，惊讶地发现小黄在看一些看“那种”电影的网页……

当时老师十分震惊，委婉地劝他不要接触这些不健康的东西。可是小黄不但不听，反而变本加厉，经常逃课上网，即使偶尔上课，也是埋头看一些不堪入目的淫秽书籍。因为这样，他的学习成绩一落千丈，最后学校实在无法继续管教，就让他的父母把他领走了……

每当想起这件事，老师都为他感到惋惜。本来那么有前途的一个男孩，却被一些黄色网页和书籍而耽误了。

青春期男孩渴望学习知识，了解社会，这原本是很好的事情，但他们毕竟还不够成熟，还缺乏对形形色色腐朽思想的分辨能力和抵制能力。虽然开始萌发性的欲求，但又往往分不清爱情与色情、高尚与庸俗、合法与非法的界限，自控能力薄弱。所以，看了淫秽书刊、录像的孩子，很容易身受其害，终日想入非非，精神委靡不振，无心学习，不求进步，甚至模仿淫秽书刊、录像中对性行为的描写与展示的情景去发泄性欲，进而走上违法犯罪道路。

事实说明，黄色书刊对青春期男孩的危害是极其严重的。一位少年犯曾经这样反省自己："我才16岁，就被判了刑，我后悔自己没听父母、老师的话，我恨那些写坏书的人。"所以，为了孩子的健康成长，父母要做个有心的父母，为孩子摒除污染源。

首先要时刻关心孩子的生活。作为父母，我们不能因为工作繁忙、琐事缠身就忽略与孩子的交流和沟通，而要从小就告诉孩子他们可以接触什么，不可以接触什么，让他们从小就树立起明辨是非的意识和能力，培养起一定的自制能力和自我保护意识。对那些已经"涉黄"的男孩子，父母的态度一定要非常明确，必须予以坚决反对，而不能放任自流、听而不闻。

其次要让孩子拥有正确的性观念。作为父母，我们要正视青春期男孩的特点，对性问题要科学、恰当地进行解释和教育，主动让孩子得到科学的性教育，消除孩子对性的神秘感，而不能含含糊糊、避而不谈。同时也要注意疏导孩子的不良心理，正确引导他们度过青春期。

再次要给孩子树立一个好的榜样。律人必先律己，作为父母，我们要求孩子远离黄色污染，就要首先从自身做起，坚决抵制不健康的网站和读物，同时经常检查自己的计算机，安装好必要的防护软件，防止黄毒侵入，消除孩子有可能接触"黄色污染"的机会，为孩子营造一个良好的家庭环境。

最后整个社会都要关注"黄色污染"，使孩子远离"黄色污染"，给孩子营造一个阳光明媚的成长空间。

妈妈最想对你说的话

亲爱的儿子：

为了坚定自己拒绝和抵制不良诱惑的决心，你可以联想自己能够拒绝不良诱惑的美好前景和未来，你还可以联想不能拒绝不良诱惑的严重后果。如联想自己能够拒绝电子游戏机、黄色书刊等不良诱惑，通过自己的努力学习，考上比较理想的大学，毕业后从事自己感兴趣的工作，幸福、愉快的生活；你也可以联想不能拒绝电子游戏机、黄色书刊等不良诱惑的不良后果，因为不能抗拒这些不良诱惑，以致自己不努力学习，成绩下降，辜负了老师和父母的期望，考不上理想的大学，影响了自己的发展，甚至断送了自己美好的前途。

必要的时候你也可以请求父母、老师、同学和朋友的帮助和监督，以帮助你更好地战胜对自己具有强烈吸引力的诱惑，从而坚定自己拒绝和抵制不良诱惑的决心，增强自己拒绝和抵制不良诱惑的毅力。

最好把引起诱惑的实物隐藏起来，尽量不去看，积极参加健康的班集体活动，多与同学交流谈心，避开诱因，转移视线。

如果有朋友邀请你欣赏这些东西，你就可以依靠自己的自制力、智慧和一定的技巧来回绝朋友的邀请，避免他们的不理解和嘲弄。

同时，你也要学会分配自己的时间，以不同的方式提醒自己什么时间该做什么事情，比如，这是学习时间，应该认真学习；这是锻炼时间，应该进行体育锻炼；这是娱乐时间，可以适当开展一些自己感兴趣的活动，调节自己的身心；这是休息时间，应该好好的休息。是什么时间，就做什么事情，改掉因为对某件事情着迷而误时的坏习惯。

——爱你的妈妈

你有青春期综合征吗

昊强是一个15岁的高一男生，眼看期末考试在即，他却在这个时候厌烦了学习。老师找他谈话、家长跟他聊天、朋友劝告他，都没有效果，反而越说越让他烦。上课的时候，昊强的注意力涣散，精神委靡，不由自主地打哈欠，大脑昏沉，听不进去，思维迟钝，意识模糊，学习成绩在中下游徘徊。可是到了晚上又非常兴奋，浮想联翩，难以入眠，乱梦纷纭，醒后大脑特别疲倦，提不起精神。

在各门功课中，英语最让昊强头疼，因为他的记忆力差，总是无法熟背单词，经常是头天背熟了第二天就忘记了，如此反复，让昊强感到痛苦不堪，他学习英语的自信心也大减。终于有一天他无法忍受了，就对妈妈说："我不想上学了，我感觉是在浪费光阴，浪费你和爸爸的钱，浪费自己的生命，我想去工作，我要自己养活自己！"

妈妈听了他的话感到非常吃惊，就苦口婆心地劝说他，希望他改变主意。可是还没等她把话说完，昊强就强调道："不要说了，我听不下去了，你再说我就不活了，我感觉活着是一种痛苦！"妈妈慌了，再也不敢在儿子耳边唠叨，只好任他为所欲为。从此昊强频频出入网吧，经常晚上不回家，喝酒、吸烟、玩网游，染上了一身的坏毛病。

在昊强身上，我们看到了青春期少男少女的典型特点，这些特点都是青春期综合症的表现。所谓青春期综合症，是指青春期的少男少女由于生理的变化和失调引发心理失衡的疾病，具体有以下几种表现：

1.脑神经机能失衡

注意力不集中，不由自主地胡思乱想，上课走神儿、思想开小差，从而影响记忆力、思维能力，影响学习，睡眠规律不正常，白天精神不振，上课易瞌睡，打哈欠，大脑昏昏沉沉。夜晚卧床后，大脑却兴奋起来，难以入眠，醒后提不起精神。

2.性神经机能失衡

性冲动频繁，形成不良性习惯，如过度手淫，并且难以用毅力克服，逐渐出现频繁遗精、滑精，性神经由兴奋亢进转为疲劳抑制，快感减弱，性兴奋时间缩短，由于频繁手淫卫生不洁，使生殖器出现红、肿、痒、臭等炎症，甚至性器官发育不良，小便淋沥不净。

3.心理机能失衡

由于上述种种生理失衡症状困扰着青少年，造成青少年心理失衡，表现为忧虑、紧张、抑郁、烦躁、消极、敏感、多疑、自卑、自责，表面上强打精神，内心充满困惑和痛苦、无奈和彷徨，甚至产生厌学、逃学、离家出走、早恋、未婚性行为、性犯罪，甚至感到活着没意思，产生还不如一死了之的念头。

这种心脑肾生理机能的失衡，还会造成身体机能的失衡，使青少年出现头昏头痛、眼窝暗黑、视力疲劳、心悸气短、腰膝酸困、体质下降、生长发育不良、经常感到力不从心等症状。

青春期是每个人在成长过程中的必经之路，它也是人们从依赖走向独立的过程。在这个过程中，生理机能逐步增强，内分泌机制渐趋完善，心理的变化也随着时间的推移有相应的发展，是迅速走向成熟而又尚未完全成熟的一个过

青春期的男孩要避免陷入心理封闭的状态。

渡期。“青春期综合征”是青少年特有的一种生理失衡和由此引发的心理失衡病症，是青少年在青春期因适应能力和心理防卫机制尚不成熟而出现的心理失调特征的心理异常，其表现是因人而异，各具特点的。

在现实生活中，青春期综合征主要表现为以下几个方面：

（1）苛求体貌。有些青少年对自己的容貌和衣着相当敏感，以至于过分挑剔。有些孩子会对客观存在的一些丑陋，如体胖、肤黑、眼小、狐臭等忧心忡忡，烦恼不已，难以坦然面对生活。

（2）异性敏感。进入青春期后，随着性意识的觉醒，青少年对异性的言行举止十分敏感，他们常会把异性对自己的一句评价作深入的猜想，把对异性的好感当做喜欢，从而造成不必要的苦恼。

（3）情感危机。由于青春期的孩子情绪波动较大，自我控制能力不强，因而当他们在学习、交友、生活等方面出现重大波折时，很容易在失望、冲动的情况下做出鲁莽之事。

（4）心灵空虚。感觉生活无聊、闲散、寂寞，表现为对任何事物都没有兴趣，提不起精神，似乎生活根本没有乐趣，整天无所事事，这种负面的情绪是最为严重的心理失衡现象。

此外，严重厌学、社交障碍、离家出走等现象，也是青春期综合征的表现。尽管青春期综合征不属于严重的心理异常的范畴，但它对青少年心理的良好发展和人格的健全十分有害，如果不能迅速走出这种心理误区，则有可能导致较为严重的心理障碍，因此必须引起足够的重视。

妈妈最想对你说的话

亲爱的儿子：

青春期综合征虽然不是什么严重的疾病，但却容易耽误你的成才和发展，影响你后半生的人生轨迹。因此你要对此有足够的认识，一旦发现自己有这种症状的表现，要痛下决心及早让自己解脱出来，千万不要犹豫、拖延下去。不要因为害怕被爸爸妈妈知道了就不好意思开口讲。你要鼓起勇气，坦诚表达自己的困扰，让我们及早了解你的处境，也好通过交谈来帮助你走出思想困惑。

谈到应对青春期综合症，妈妈不得不告诉你这种症状产生的一些原因，也好让你学会对症下药，更有针对性地预防。青春期综合征产生的首要原因是用脑过度，导致脑神经机能失衡。青少年时期身体生长迅速，大脑生理功能快速发育而不稳定，大脑皮层兴奋与抑制功能尚不健全，加之有较大的学习压力，如果没有合理安排学习时间，长时间学习，就会使核糖核酸、多肽、多糖蛋白、多种酶及多种内分泌激素等脑能源过度消耗，脑髓空虚，脑神经机能失衡，人就会明显感到大脑混乱、疲劳，从而诱发一系列的青春期综合征症状。

另外，心理发育滞后导致心理机能失衡，也容易诱发青春期综合征。由于青春期生理与心理发育不同步，身高、体重等生理发育迅猛，但心理发育滞后，仍处在幼稚、单纯阶段，两者不相协调，加之青春期特有的心理封闭状态使人的心理机能失衡，无法正确认识自己的心理，从而使不良的心理情绪越来越严重，结果影响学习、睡眠，诱发青春期综合征。

在这里，妈妈给你提供一些预防青春期综合征的方法：

（1）正确认识自己和接纳自己。一般来说，自我认识与本身的实际情况越接近，社会适应能力就越强，心理就越能保持健康；相反，自我认识与本身的实际情况差距越大，则社会适应能力就越弱，越容易产生心理问题。因此，如果你能正确认识自己，懂得接纳自己的缺点与不足，就能以健康的心态面对学习和生活，也就不容易产生心理问题。

（2）不断提高耐挫折的能力。挫折是锻炼心理抗压能力的重要方式，面对挫折，你应该积极地接受挑战，认真想办法解决。挫折具有的实质是获取挫折的心理体验，并在此基础上通过自己的努力去克服挫折，以提高对挫折的承受能力。

（3）学会调整自己的消极情绪。良好稳定的情绪是心理健康的基本条件，想要控制好消极的情绪，首先要有正确的思维方法，懂得万事不可能按自己的主观意愿顺利发展，同时必须学会纠正自我评价的偏差，避免产生消极情绪。

（4）有意识地扩大人际交往的范围。平日里你不妨多参加自己感兴趣的活动，比如打球、下棋、游泳等，以分散青春期综合征对自己的影响，尽可能摆脱这种顽症。

另外，要勇于摒弃不良的生活习惯，合理安排作息时间，注意劳逸结合，遇到问题要及时与爸爸妈妈以及老师沟通，寻求正常渠道的帮助，使自己彻底消除烦恼，从而充满自信地笑对青春。

——爱你的妈妈

为什么你总想与家长对着干

穆迪今年12岁，随着青春期的到来，他的脾气似乎也到来了，妈妈给他吃米饭，他说不爱吃，给他吃面条，他说面条难吃死了。叫他先吃饭，他偏要先做作业。要他穿校服，他就偏要穿金光闪闪的牛仔裤；同意他穿金光闪闪的牛仔裤了，他又要穿运动服！妈妈打他，他还直着脖子说："你打啊，你打啊。"打过几次，也不见效果，说什么也不爱听。有一次，妈妈在做家务，搞大扫除，穆迪叫妈妈带他去玩，妈妈说去不了，穆迪玩耍心切，很不高兴地说："我叫你做什么你什么都不做，以后，你叫我做什么，我也可以不听！"妈妈很生气，就顺着他说："你不要我管太好了，我确实不想管你，以后，你的衣裤自己洗，你用的文具自己买，你的事情你自己管……"话还没说完，穆迪马上投降了说："妈妈，我要你管，我听你的，下次出去玩。"

穆迪妈妈很不解，为什么你要他这样他偏不这样，你不让他这样他偏这样呢？

穆迪的情况不是个例，可以说绝大多数孩子都从这个时期走过。父母不要一看到孩子和自己意见不统一便极力压制，担心稍有让步，就会导致孩子不听话，父母反应越激烈，越过分，孩子们就越会坚持己见，与父母对着干。这种行为和话不投机有相似之处但并不一样，它比话不投机更要偏颇。有时，孩子们的"逆反行动"看起来是针对父母的，但实际上也许根本不是那么回事。

著名的德国儿童心理学家夏洛特·彪勒就曾把青春期称之为"消极反抗期"，在此之后，这个名称一直被使用。由于孩子们的身心逐渐发育成熟，他们在这个时期很容易对生活采取消极反抗的态度，否定以前培养起来的一些良好品质和习惯。

具体地从生理上来说，青春期孩子的叛逆是由中枢神经系统的兴奋过强引起的。科学研究表明：当中枢神经系统的功能与个人的身体的外围相应部分的活动之间形成某种一致的时候，人的身心方面就会处于和谐的状态。但是，叛逆期的孩子因为中枢神经系统处于过分活跃的状态，所以对于周围的刺激如他人的态度和评价等表现得非常敏感，反应也非常强烈，这样，他们的叛逆表现就会出现。

青春期的孩子，能学到越来越多的知识，接触到越来越宽广的世界，个性越来越丰富，想法也越来越复杂。最主要的是，这个年龄的孩子，进入第二反抗期，自我价值观开始形成，他们向往独立，喜欢表现自己，特别渴望得到外界的肯定。他们迫切地希望得到独立，而父母在生活上对他们的关照及在情感上的支持就会被他们当成获得独立的障碍，教师或其他人善意的指导和教诲也会被他们当成是对自己发展的束缚。为了打破这种束缚和障碍，他们会不由自主地排斥外在力量。如果这时父母因为孩子学习不自觉或不听话，动不动就斥责孩子，容不得孩子辩解，一味以父母的威严强迫孩子就范，必然会引起孩子的逆反心理。

妈妈最想对你说的话

亲爱的儿子：

首先，妈妈要恭喜你，因为你已经进入了青春叛逆期，这是你成长的一个必要阶段，标志着你快要成为一个大人了。正因此，当你不断地顶撞父母、反对父母作出的一切决定的时候，拒绝父母的帮助、向父母关上心门的时候，我们没有怪你。都说青春期的孩子一半是儿童一半是成人，真是很正确。

其次，妈妈要向你道歉，很多时候，父母是站在自己的位置，从第三者的角度观察你的叛逆问题，不能保持冷静，看见你的兴趣会影响功课时，就会即刻禁止，而没有真的了解你的情况，总是希望你听父母的话，却没有听听你的建议。以后，父母会尽量避免这些问题。

不过，孩子，妈妈想让你知道的是，父母的啰嗦和老师对你的批评，其目的都是为你好，是善意的，是为了让你健康发展。你要知道，老师和父母也是人，也有自己的喜怒哀乐，也会误解他人，会犯错误，所以当你觉得自己被误解的时候，请你宽容地接纳和理解他们，同时，也请你把自己心中真实的想法说出来，这样，我们才能一起去寻找解决问题的方法，不是吗？

青春期是一个特殊的时期，爸爸妈妈体谅你，包容你，对你自己而言，你也要能够把握自我，虚心接受父母老师的教育，遇到委屈的事说出来，不要乱发脾气，这样只会让你更愤怒。孩子，你知道吗？一个无法控制自己的情绪的男人其实并不是一个真正的男子汉，也是很难受到他人的尊重和理解的。

此外，只要有可能，妈妈希望你能够多多参加课外活动，多多走到朋友们中间，多多从集体中吸取力量，你不仅会找到自己的乐趣之所在，还能够体现出自己的价值，更重要的是，当你沉浸在快乐中时，你过分的逆反心理就会们慢慢消失，何乐而不为呢？

——爱你的妈妈

叛逆是青春期男孩的一个重要心理特点，父母要用包容、谅解与开放的眼光来看待孩子，不能粗暴压制。

忧伤年华

在14岁到17岁这四年时间里，炎彬无论是在生理上，还是在心理上，都向成人迈近了很大一步。如果说他14岁之前是个不知忧伤的孩子，那么在14岁之后，他仿佛突然明白了一样。莫名的伤感在这个时候疯长起来，从他内心深处萌发出来的忧伤笼罩了他的全身。

坐在校园的长椅上，看着秋风吹起枯死的落叶，炎彬的眼泪禁不住夺眶而出，他觉得自己就像一片枯萎的落叶，没有一丝值得别人怜惜的地方。想起昨天被老师叫起来回答问题，脑子里一片空白，感觉到老师和同学的目光充满了嘲讽，炎彬就不知不觉陷入了忧伤。他整日都觉得伤感，甚至不愿意去上学了。有时候他会感叹："唉，就让我消失在没有人知道的角落吧！"

想起忧伤的源头，炎彬觉得有可能是因为一首歌，但他知道，那首歌只是加剧忧伤的一个因素，就像肥料一样，使忧伤的种子迅速发芽、成长。那时候炎彬经常把随身听带在身上，在公交车上，在宿舍里，在课间，吃饭的时候，睡觉的时候，都会听那首《一千个伤心的理由》。有时候心情忧郁，炎彬会声嘶力竭地跟着唱。那时炎彬非常喜欢这首歌，张学友的声音把这首歌诠释得正合他意，炎彬甚至认为那首歌是为自己唱的，是从他心底发出的深情声音。

青春是人生最美好的时期，它是一个让你富于幻想的季节，也是一个容易产生忧伤与失落的时节。很多青春期的孩子都有过忧伤的情感体验，他们经常无缘无故地不快乐、不高兴，觉得情绪跌落到低谷，生活变得没有希望，像一潭死水一样，没有波澜和涟漪。

忧伤是一种不良的心理，会让人产生烦躁和不安的情愫。当你忧伤时会心烦意乱，身体会产生一种毒素。当然，这种毒素不会对你有太大的伤害，但它会导致你的心情更差，还可能会伤及身心。忧伤过度会伤及内脏器官，长此以往，也易得上心理疾病，诸如抑郁症等心理障碍。

妈妈最想对你说的话

亲爱的儿子：

很多人都有忧伤、犹豫、压抑的情绪体验，处于青春期的你有没有这种体验呢？

心理咨询师根据临床经验发现，青春期阶段有不少的孩子有很强的抑郁症倾向，其中女孩子比男孩子高出很多比例，但是家长往往忽视孩子已经出现了抑郁症倾向。为什么青春期的孩子容易出现忧郁呢？心理专家表示，这与孩子的生理、心理特点有关，与社会环境也有一定的关系。

那么该怎样消除忧郁的情绪呢？

（1）听音乐。忧伤是一种情绪，但不能持续太久，因为长期处于这种状态下会有损身体健康。通常情况下，忧伤每持续10分钟就等于跑了3千米的路程。消除忧郁可以采用分散注意力的办法来进行，这样可以减轻痛苦，让自己心情平静。可听一些曲调优美轻快的音乐或歌曲，能使精神得到很好的放松。

（2）寻找更多的乐趣。人们常说“快乐需要行动”，只有行动起来才不会让自己陷入忧郁。平日里不断发展自己多方面的兴趣，对于治疗忧伤的情绪是很有用的。比如阅读、垂钓、下棋、交友、拜访朋友等，都会很好地缓解或消除忧伤的情绪。

（3）体育锻炼。大量研究表明，运动，尤其是剧烈的有氧运动，能够很好地改善情绪，减轻焦虑，增进食欲，增强自尊。同时，运动还能使大脑中与抑郁症相关的化学物质由失衡转向正常。

——爱你的妈妈

孩子，不要忧伤，也不要焦虑，当你把精力和情绪转移到了学习、生活和运动中去的时候，一切忧伤就会随风而散。

男儿必须有泪不轻弹吗

米乔有一天放学一回家就哭了，妈妈见了没有上前安慰他，而是不耐烦地看了他一眼，然后就开始唠叨："男子汉大丈夫有泪不轻弹，你这么小就这样，动不动就哭，长大了我看你怎么办，真是没出息！"米乔听了更伤心了，一晚上都没有再理妈妈。

赵晓原也曾经这样被别人嘲笑过。有一次，他在学校里被误解说偷了同学的钱，两人还为此打了一架，班上还有同学叫他小偷。后来，同学发现钱没有丢，而是在上洗手间的时候掉在了洗手间了，其他同学捡到后就交给了老师。虽然已经真相大白了，但那位同学没有给赵晓原道歉，老师也没有说什么。赵晓原越想越生气，在课堂上就哭了。同学听到了就骂他："真是窝囊，这么一点事情就哭，又没有少一块肉。"

米乔和赵晓原的遭遇不是特例。在中国的文化中，对男人的要求就是男儿流血不流泪。电视剧《太平天国》里也唱：流血的伤口不流泪。人们常常把男人形容成为一个心如铁石的动物。如果一大男人哭哭啼啼，大家就觉得不像样子，没有出息。似乎男人有了眼泪就不仅仅意味着懦弱和无能，还被套上了一层遭人唾骂和耻笑的外衣。

不仅如此，人们还觉得男人即使有痛苦，也要装出一副虚假的面孔，去告诉别人你在笑，你是个男人，你什么事都不在乎，拿得起，放得下，你从来不会为任何事情烦恼，你可以随时放下一切。

在这样的观念下，男孩子们从小就被教育不要哭，男孩子哭是丢人的表现，一遇到孩子哭了，不是安慰，不是询问原因，不是开导，而是唠叨和训斥，甚至是打骂。

可是，男人也会流泪，男人同样柔情似水，在哭过之后坚强地站起来的男人仍然是一个顶天立地的汉子，在哭过以后能够笑呵呵地去生活和学习的男孩子仍然是一个坚强的孩子，他们没有理由过分地压抑自己的情绪。

更何况，青春期男孩由于生活经验不足、承受能力有限等原因，对自己的情绪有时难以把握，在遇到困难和矛盾的时候可能不会调整和控制自己的情绪，造成许多的烦恼和冲突，而长期的情绪压抑就是精神疾病的基础。前不久，来自全国13所外语外贸院校的教授就大学生心理健康教育等热点问题进行分析和研究时公布了这样一组数据：从今年年初到目前为止，仅北京一地，高校已经有15名大学生自杀身亡。

因此，学会缓解精神压力是非常重要的，不仅可以让他们心情愉快，而且也能够锻炼他们在遇到困难时的处理能力，提高他们舒解自身情绪的宣泄机制，从而促进健康的人格的形成。

妈妈最想对你说的话

亲爱的儿子：

“无情未必真豪杰，怜子如何不丈夫”，当你心中难过又找不到其他更好的发泄方式的时候，你不妨痛痛快快地哭出来。要知道，在生活中，我们心里难免会有不愉快的情绪，如果不能及时排解，问题就会越积压越多，最终影响到我们的健康。而哭就是一个宣泄不良情绪的很好的途径。

对于男子汉来说，哭不是没出息的表现，而是一种发泄自己，让自己更坚强的方式，哭过以后，只要你不忘记自己应该做什么，你就仍然是一个小男子汉，这没有什么可沮丧的。

当然，哭并不是缓解自己的难过情绪的唯一方式，以下这些方法也可以帮你有效缓解心理压力，不妨一试。

准备一条冷毛巾，随时擦脸，以助清醒。

脱掉鞋袜，用脚尖走路，走上几分钟，心中的烦恼便会跟着走掉了。

找一位乐观的朋友或同学倾诉，发泄一下情绪。

喝一杯酸梅汤或果汁醋，疏通肝气。

闭上眼睛，尽力想身体后面的景物，平衡前后脑的压力。

读你最崇拜人的格言，并认真思考，有镇定的作用。

多赞美及鼓励自己，不要遇到挫折就苛责自己。

晚上十点前睡觉，早上六点起床。

多看喜剧片，开怀大笑一番。

经常到书店走走，读一些励志的书籍、漫画及幽默文选。

不断告诉自己，要能容纳别人不同的观念或行为。

——爱你的妈妈

你为什么会产生自杀的念头

在伟诚的脑海里，除了忧伤还有一个念头，它时常一晃而过，既赶不走，又抓不着，它像幽灵一样跟着他，它是什么呢？是自杀的念头。

有一天晚上，伟诚对好友博超说："生活真没意思，死了算了。"

"不，不会吧。"博超吃惊地说，"你说什么傻话呀？"

"不是什么傻话，我是真的觉得活着没意思。"伟诚说。

"那你去死好了，可没人拦你……"博超故意激将他。

"早晚是要死的，不过不是现在……"沉默了一会儿，伟诚从包里拿出一包香烟，缓缓点上，然后把烟盒在博超面前晃了一下说："要不要来一支？"

"才不要哩，慢性自杀啊！"博超说。

伟诚笑了，看着烟头上的飘起的薄薄青烟，每吸一口，那点火便向前燃烧一毫米，也增加了一毫米的烟灰。等烟灰越积越厚时，伟诚用手将其弹到桌子上，他并不是真的学抽烟,只是想在嘴唇和烟蒂以及手指的交互中，排遣一种感情，一种忧伤。

"喂,喂,"博超把头侧到伟诚那边认真地问："你怎么会想到自杀呢？"

伟诚说："我也不知道，只是觉得没劲。"

伟诚是真的不知道自己为什么有自杀的念头，这可能与青春期某种可疑的激素有关，但他仅仅是想想而已，说说罢了，并没有真的想自杀。

当一个人的心情在一落千丈的时候，会产生一种希望死亡的心理，这种心理活动被称为"希死心理"，它会使人的心理活动完全陷入异常境地。自杀是"希死心理"发展为自我毁灭的行为，是一种试图结束自己生命的行为。自杀现象始于青春期的初高中阶段，高中呈现出增多的趋向。

在一些国家，高中生自杀现象比较多，相比之下，我国初高中学生的自杀现象少于这些国家。青春期的孩子之所以自杀，原因是非常复杂的，比如，学校问题、家庭问题、学习问题等交织在一起，加之是出现在青春期这个独特的发育时期，会使孩子产生厌世感、孤独感，对生活没有信心，对未来没有希望。那些经常情绪低落、抑郁、性格内向的少年，特别是女生，容易产生"希死心理"和自杀行为。

在日本，有一项针对178名女高中生的调查，题目是：你曾有过自杀的念头吗？结果发现43%的被调查者有过自杀的念头。不过心理专家表示，青春期孩子的自杀念头往往是一段时间的事，过了这段时期后，当他们回忆起自己当初的自杀念头时，往往会觉得不可思议，觉得自己愚蠢至极。

青春期孩子自杀事件在心理分析治疗案例中并不少见，当他们有较严重的心理障碍时，会导致产生自杀的念头，其中抑郁症是自杀率最高的，另外精神分裂症、毒品成瘾等精神卫生问题也容易导致自杀念头和行为的产生。那么青春期孩子的自杀心理是怎样形成的呢？以下是自杀心理形成的可能性原因：

第一，青少年正处在生理、心理发育阶段，承受挫折和压力的能力较弱，对环境的适应能力较差，自我控制能力较差，没有恰当的应对压力的技巧。当他们遇到比较大的心理压力或刺激时，很容易产生自我毁灭的行为。

第二，当前社会对青少年的心理支持机构并不完善，父母关系紧张的家庭、单亲家庭、离异家庭的父母忙碌于工作，没有时间和精力及时了解孩子的心理压力和心理需求，缺少心理支持的青少年感到无望的时候，容易一时冲动而选择自杀来处理压力或心理刺激。

第三，有一点不得不提，就是青少年自杀行为有较多的模仿成分。这主要是受影视剧、媒体宣传、追星模仿等方面的影响，或者因为要挟别人或一时冲动而突然实施自杀行为。

妈妈最想对你说的话

亲爱的儿子：

在生活中，或许你也发现有的人喜欢把“活得没劲，死了算了”这样的话挂在嘴边，或许你也曾这么说过，其实，妈妈分析有这样几种心理：有的人是开玩笑，有的人是因为学习压力较大，产生了厌学，感觉学习没劲，就说那样的话宣泄自己的不良情绪。不管你是出于怎样的心理说出这样的话，你都应该重视。因为这是一种自杀心理，它会像恶魔的阴影一样笼罩着你们的心灵，摧残着你们年轻的生命。

妈妈想说的是，无论在生活中遇到什么样的困难，通过自杀的行为来逃避，都是一种极为不理智的行为。要知道，每个人的生命都不是自己的，它是父母赐予的，应该对父母负责。如果一个人因为烦恼而自杀，他将给家人带来无尽的痛苦。作为真正的强者，在遇到困难的时候，要学会面对现实，寻找恰当的方式去解决，这才是正确的做法。

在此，妈妈建议你注意以下几个问题，这样能有效地缓解心理压力，防止产生心理问题，从而避免产生自杀的念头。

（1）重视人际关系。可以说，每个人都希望拥有良好的人际关系，因为这会使我们在与人和谐相处中获得快乐的感受，当我们有烦恼时，也可以找到倾诉的对象，内心的种种不快、压抑就容易得到缓解，也就不会产生自杀的念头。所以，妈妈希望你善待身边的每个人，和他们多交流，这样你们就能互相帮助，互相学习，共同进步了。

（2）冷静面对挫折和打击。自杀行为的产生很多是因为一时想不开、冲动而导致的，比如考试失败、受到坏人的恐吓、丢了重要的财物、失恋等。妈妈想说的是，无论发生了什么，都不要绝望，因为办法总比困难多，只要你冷静下来思考，总能找到解决问题的办法，或者你可以和爸爸妈妈商量，我们一起想办法。要知道，如果你经得住挫折的打击，你的心理承受能力就会越来越强，你也会越来越成熟。因此，你不但不应该害怕挫折和打击，还要感激它们，因为它们能磨炼你的意志力。

（3）环境的变动。一些调查资料表明，不少青少年由于环境发生了改变，一时难以适应而自杀。对此妈妈想说的是，适应能力是逐渐培养起来的，如果你一时感到无法适应，那么应该更耐心地去锻炼自己的适应能力，比如你可以向周围的人学习，看看他们是怎样应对环境的变化，你也可以请教爸爸妈妈，爸爸妈妈会告诉你一些宝贵的经验，千万不可焦躁、烦恼，更不可有自杀的想法。

——爱你的妈妈

被人误解的滋味不好受

一天课间出操的时候，大家从教室的门口涌出来，不知是哪位同学随手带一下门，眼看就要把旁边女生刘曼的长头发夹住了，说时迟、那时快，身后的男生王猛敏捷地用手推了刘曼的后背，使她往前踉跄了一步，她的长发免于被夹。

原本王猛做了一件好事，却不料刘曼很生气，大骂王猛是“色狼”，这让王猛顿时脸面无存，真恨不得找个地缝钻进去。整个课间操期间，王猛都沮丧地低着头。课间操结束后，刘曼回到教室还在和身边的女生喋喋不休地讲王猛是个“大色狼”，目睹那一幕的男生张帆实在忍不住了，走过去说：“刘曼，我看你是误会王猛了，当时我看见了，王猛是怕你的头发被门夹住才把你往前推一下的。”

得知事实真相后，刘曼脸羞得通红，虽然她没有当面向王猛道歉，但写了一张纸条给王猛，上面说：“对不起，王猛，是我误会了你的好意，请原谅。”

看了这个故事，或许你的脑海中也会涌现出类似被人误会的事情。在青春期，少男少女的性意识逐渐觉醒，对性别有了清醒的认识，尤其是女孩特别在意自己的身体。正所谓“男女授受不亲”，因此当有人碰触女生的身体时，女生的第一反应就是被欺负了，这就是上文中刘曼冲动的原因。

被人误解是一件痛苦的事情，有的青少年会与对方理论，结果双方争执不下，严重伤害了感情；有的沉默不语，不予回应，使对方以为他真的做了亏心事。可以说，这两种应对被人误解的方式都不是特别明智。下面给你介绍应对被误解的处理方法：

1.主动沟通，努力消除误会

当你被人误会时，你要知道，主要原因是缺少沟通和交流，如果你不及时与人沟通，时间久了，你们之间就容易产生隔阂。因此，在你被误会时，就应该主动接近对方，以温和的语气与他交流，同学自然会看到你的诚意，继而慢慢理解你。

2.学会宽容，坦然处之

如果你努力地解释，还是解释不通，误会一时难以消除，就不要强制自己去乞求别人的谅解。当然，你也不必对误解你的人心生反感，要学会宽容，要心平气和地去直面现实，既不要谴责自己，也不能抱怨别人，更不要因此影响自己的心情、影响到自己的学习。你需要坚信的是，只要你自己没有做对不起别人的事情，一旦别人明白过来，就会理解你的。

妈妈最想对你说的话

亲爱的儿子：

妈妈知道，被人误解时的心情是很苦闷、很焦急的，此时，你最需要的是冷静。冷静地、带着公正的态度去思考误会的事，要知道人与人之间的误会往往是在不了解、不理智、缺少冷静的思考、未能体谅对方等情况下发生的。在误会的初期，很多人只是一味地指责对方的错，这就导致误会越陷越深，最后到了不可收拾的地步。所以，在对别人发表评论的时候，首先你应该想想这是否是个“误会”。

你需要冷静思考误解你的人的态度变化，不要轻易抱怨、责骂别人，重要的是你要清楚自己被人误会的原因，找到根源，然后对症下药，从而消除别人对你的误解。不要陷在“哑巴吃黄连——有苦说不出”的怪圈里，也不要陷入“跳到黄河也洗不清”的深渊，要知道，只有积极行动才能改变现状。

与同学之间存在误会是难免的，但也并非全是坏事。误解的产生是在警醒你与同学之间还有待进一步沟通，心理之间还存在一定距离，因此，你需要进一步与对方沟通。如果你觉得难以做到与对方面对面沟通，你不妨通过写信或让别的同伴转达你的原意，你也可以通过适时适度的行动表达自己的诚意，或者干脆忘掉，因为时间是最好的调解员。

常言道“旁观者清”，局外人往往更容易清楚地发现问题。因此，当你被人误解时，不妨找旁观者中的朋友寻求指点，或把心事告诉知心朋友，听听他的看法，采纳他的建议。

妈妈想说的是，有时候，被人误解后，你要把压力变成动力。但丁说过：“走自己的路，让别人去说吧！”这就告诉我们，不要把过多的经历投注到解释和消除误解上，那样会消耗精力，增加麻烦，浪费时间，只要你心里清楚自己是正确的，按照你所想的坚定地去走，别在乎他人异样的目光。时间长了，你自然会得到理解和证明。

——爱你的妈妈

不要让猜疑滋生蔓延

小京是个初一的学生，同学们都在背后说他有“疑心病”，因为他总是用怀疑的眼光看人。一次他带在身上的零钱不见了，他不是马上去找，而是先把班级里的同学怀疑一遍，认定是同学“偷”了他的钱，直到他发现自己放书包里忘记了；还有一次他走进教室的时候，看见好几个同学聚在一起议论什么，他一进来大家就散了，于是他就怀疑他们在背后讲自己的坏话，哭着到老师那里告状，还非要老师给他“恢复名誉”，搞得大家都不开心，那几个同学也因为无缘无故地受到怀疑而拒绝和他讲话……时间长了，大家都不喜欢小京了，觉得他“怪怪的”，谁也不想和他做好朋友。

不仅如此，小京还会时常提醒别人不要上当受骗，比如，他会对女孩子说：“不要相信不认识的人，他们看你长得这么聪明、漂亮，是想把你骗走的。”他还会对男孩子说：“女孩子都小心眼，你小心她们去老师那里告你的状。”看他的那个架势，似乎世界上没有一个人值得相信的。

原来，他在平时看电视或上网的时候经常会看到一些负面的消息，如谁又上当了，谁被骗了，时间长了以后，他就觉得自己的生活中也有这样的现象。

小京的问题虽然是个别现象，但由此引发的思考却是有普遍意义的，应该引起父母的重视，因为他这种不信任别人的情况已经明显地影响了他的正常学习和生活，影响了他正确价值观的形成，也影响了他人格的健康发展。如果不能及时帮助这样的孩子改变这种状况，任其发展下去，很可能造成孩子偏激或逆反，轻者影响自己的前途和幸福，重者则可能形成反社会的倾向。

这种情况一般是父母的教育不当造成的。还有的孩子虽然在家庭中没有得到“大灰狼”的警告，但在生活中遇到实际的问题比如曾经被人欺骗过，如果没有得到正确的指导、不能正确看待，也会产生类似的问题。所以，父母们一定要对孩子们的心理健康多加关注。

首先父母要进行认真的反思和自我的教育，反思一下自己的言行，端正自己对社会、对别人的态度，扔掉“有色眼镜”，给孩子做个好榜样、好帮手。

同时，还应该从以下方面对孩子进行帮助：

1．结合具体的事例指导孩子信任别人

父母通过帮助孩子对问题进行了解和分析，来引导孩子学会信任和尊重别人。比如身边有人因为互相的不信任发生了误会，父母可以让孩子试着让孩子自己去分析这件事，认识到人与人之间不信任的不良反应；再比如指导孩子参加同学之间约定的活动，在活动中让孩子观察同伴的行为，体会相互之间信任和理解的意义。

2．鼓励孩子多观察和了解别人

在社会生活和学校生活中，鼓励孩子多观察，让孩子通过自己的观察了解

“究竟是坏人多还是好人多”“什么样的人可以给予信任”“哪些情况下我们需要当心上当受骗”“在日常生活中应该以什么样的眼光看问题”等，使孩子在感性的素材中自觉去领悟和提高。

3．条件许可的情况下还可以组织讨论

讨论围绕着“信任和尊重”的主题进行，可以是一个具体的事例，也可以是一种现象或者一个观点。通过讨论孩子直接了解到别人的看法、澄清一些问题，并得出客观正确的结论。

妈妈最想对你说的话

亲爱的儿子：

看到你总是不相信别人，妈妈感到很难过。孩子，虽然说自我保护是必要的，但是一定要有度，弄清楚在什么样的情况下应该提高防范意识，在什么时候不能随便怀疑别人，如果对谁都怀疑，最后，你就会没有朋友，甚至会怀疑自己。妈妈承认，社会上是有坏人的存在，但坏人只是少数的，大多数的人都是好人，要用积极的态度观察社会和人生，才能得到真正的快乐、幸福和友谊。所以，以诚待人和自我保护并不矛盾，需要具体问题具体对待。

所以，当你遇到问题的时候，你需要做的是理智而及时地与人进行沟通，消除疑惑。在这个世界上，没有人可以永远不猜疑别人，但如果猜疑产生了，你就要及时消除这种情绪，否则就会给自己和他人造成不必要的伤害。相反，如果你能够和你感到怀疑的人开诚布公地谈一谈，反而会有助于问题的解决，即使你担心的问题真的存在，你也能够及时采取措施，在冲突发生之前解决问题，这不是很好吗？

此外，无论何时，孩子，你都要相信每一个人都有自己的长处和缺点，当你清醒地认识到自己的优势之所在，并相信自己能够处理和周围人的关系的时候，你就不会总是觉得自己会受到伤害，需要时时刻刻地防范着他人，不会随便怀疑别人会挑剔你、难为你、陷害你。同时，你也能够给他人留下良好的印象。所以，你要记住，孩子，你来到这个世界上，本身就是一个奇迹。

——爱你的妈妈

你为什么对别人的话特别敏感

在期中考试前的一个星期五下午，学校组织了一场篮球比赛。皓轩是班里篮球队的主力之一，绝对是要上场的。比赛刚开始了，场边围满了女生，皓轩喜欢的同班女生吴静也在，吴静身边的几个女生就像是作陪衬一样，使吴静出现在皓轩的视野里，这让皓轩非常兴奋。

皓轩运球经过那群女生所在的位置时，总是故意耍出几个漂亮的动作，略带弧线地转身过人。虽然动作耍得很美，只可惜缺了最后一投，好几个球都没投中。那场比赛皓轩表现很兴奋，但投篮命中率却很低，最终他们班输球了。

尽管输球了，皓轩却并不在意，他更看重的是运球本身带给自己的娱乐性以及因此所得到的喝彩声。但吴静在比赛结束后似乎郁郁不快，她说："我们班输球都是因为皓轩连投了几个球都没投中。"当然，吴静并不是当着皓轩的面说这话的，具体怎么听来的，皓轩自己也不清楚，班里有很多爱传话的同学。

但因为吴静的那句话，皓轩敏锐地意识到她在乎他。这是皓轩感觉到的，他觉得因为他在球队中的作用很大，因此输球了吴静才会怪他，这从另一个方面来说是看重他。为此皓轩美了好一阵子。不过不久之后，他就发现自己实在是太敏感了，当他看见吴静和班里的另一个男生走得很近时，他才意识到当初吴静根本不是在意他，而是在意球。

所谓敏感是指对外界事物的反应很快，容易对别人的言行举止进行深层次的揣测和思考。敏感在性格上的分析是过度在意细节带来的感受和变动并善于将之放大，然后作出相应的反应。如果过于敏感，往往会使人因为小事而苦恼，同样也会因一件微不足道的小事而开心一阵子。通俗一点说，敏感的人比较容易往心里去，这类人心思较为细腻缜密，洞察力较强。

刚进入青春期或即将进入青春期的青少年，很多都有极为敏感的心理，他们经常因为一些在别人看来芝麻大的小事而苦恼、郁闷。心理过于敏感的青少年大都较为自卑、怯懦，而且容易自我伤害，还会影响人际交往。如果青少年将这种敏感心理保留到成年之后，会影响整个人生的幸福。

青春期是生理、心理的急剧变化时期，身心逐渐成熟，感觉器官和思维器官也日渐成熟，自尊心也在不断增强，青少年与社会的接触逐渐增多，社会化程度逐渐增强，希望得到别人的尊重和认可。但“金无足赤，人无完人”，青少年在成长过程中，总会存在这样或那样的不足，这些不足会影响他们自我价值和自我期待的实现，成为他们内心的“痛点”，一旦人们谈起他们的“痛点”，他们就会感到被伤害了，这就是心理敏感。引发心理敏感的原因大致有以下几点：

1.生理原因

青春期的少男少女对自己的外貌、身材、身体素质等生理素质非常关心，如果身材不好，如过胖，长相不好，如满脸青春痘，或是胸部很小、身高太矮等，一旦别人提到胖、痘痘、胸部、身高等话题或字眼时，他们就感到这是在嘲讽自己，于是情绪立即变得激动，甚至会对别人的无心之过心生恨意。

2.以往过失

在成长的过程中，有些青少年会有一些不光彩的过失，比如偷窃、赌博、打架等，这些过失行为使他们曾经受到屈辱、歧视，精神上受到严重挫折，导致他们心理敏感，尽管这些事情已经过去了，他们依然想重塑自身形象，赢得他人尊重，所以害怕别人旧事重提。

3.家庭原因

家庭关系不和谐，会严重影响青少年的心理发展，比如父母离婚、家庭贫困、寄养在他人家里等，处于这些不利家庭环境下的孩子缺乏情感上的关爱和经济上的支持，面临双重压力。面对家庭关系和谐、经济条件较好的家庭的孩子，他们会产生强烈的不满甚至憎恨，害怕别人提起或蔑视自己的家庭，因此会产生心理敏感。

敏感心理很容易对青少年产生负面影响，比如引发自卑心理、影响人际交往、导致人格缺陷、造成自我伤害等。因此，要重视敏感心理的纠正，避免对青少年产生不利影响。

妈妈最想对你说的话

亲爱的儿子：

如果你心理非常敏感，就会总觉得低人一等，不敢正视别人，不敢大声发表自己的见解，不敢和别人交流，对周围一切很敏感，你会经常去揣测同学、朋友的反应，在乎老师对你的态度，这样可能会影响你与他们的正常交往，还会让你失去自我、失去生活信心。妈妈建议你通过以下一些办法来应对心理敏感：

(1) 找出自己的优点，取悦自己。自信是成功的第一秘诀，人首先要看重自己、瞧得起自己，没有哪个人是一无是处的，也没有人是完美的。心理敏感的人就是因为忽视了自身的优点，夸大了自身的弱点，没有看到自身的价值。因此，你应该加强自我意识和自我认识，客观地看待自己，找出自己的优点，取悦自己，欣赏自己的优点，发展自己的优点，与此同时不断避免自己的短处。

(2) 建立自信心，完善自我。青少年处于多方面不断完善发展的时期，应该不断在实践中增强自信心和自尊心，通过实际行动赢得大家的肯定和认可，进而转变自我评价，逐渐产生自我认同。对于心理敏感的青少年，应该积极投身于社会实践，与人为善，勤奋好学，在实际生活中获得成就感，满足尊重感，完善自我。

(3) 广泛交友，开放自我。青春期是人生发展的关键时期，主体意识觉醒，独立意识增强，渴望获得友谊，对群体具有强烈的归属感。而心理敏感的青少年则与之相反，他们自我封闭，顾影自怜，没有与他人交往的勇气。对此应该努力尝试去改变，只要你学会善待身边的每个人，你就容易得到别人的善待。要知道，通过交朋友，你可以从别人那里获得鼓励、信任、支持和安慰，同时从他人身上学习长处，调整自己的行为，培养正确的自我意识和乐群个性。

——爱你的妈妈

为什么“真郁闷”成了你的口头禅

以下是一个初二学生写的一篇周记，字里行间满是郁闷的影子，透过他的讲述，我们来看看青春期孩子究竟有多郁闷。

好久没写周记了，今天心情很郁闷，有感而发，想写点东西。昨天我感到很郁闷，打扫卫生的时候，地上有一张废纸片没清理掉，被检查卫生的老师抓住了把柄，扣掉了我们班的分。班主任非常生气，还当着全班同学的面批评我做事粗心、态度不端正。当时我真的很想哭，但是一个堂堂男子汉，有泪不轻弹啊，所以我还是努力忍住了。

在放学回家的路上，我想起今天的遭遇，就感到非常委屈，竟然不由自主地掉了眼泪，我真是太脆弱了。经常在作文里说要坚强，可是，说坚强我就能坚强吗？真郁闷，我简直成了怨妇，唉，为什么越来越喜欢抱怨了呢？为什么莫名其妙地伤感了呢？真郁闷啊！为什么又忍不住对身边的人发脾气呢？搞得别人郁闷，自己也郁闷，何苦呢？

在许多中学，“郁闷”一词已经广为流传，渐渐地，这个词成了很多学生的口头禅。曾有媒体对高校的流行语进行了一项调查，结果发现“郁闷”一词以55.2%的得票率高居榜首。在这个衣食无忧的时代，孩子们为什么感受不到幸福，体会不到快乐呢？在沟通方式如此多样化的信息时代，孩子们为何感到孤独和郁闷呢？

许多家长对青少年的“郁闷”大为不解，青少年自己也不知道为何会那么郁闷。事实上，心理状态郁闷的青少年大致分为三种类型：第一种是调侃式的，他们只不过是随口说说“郁闷”一词，并非真的内心郁闷，对他们而言，“郁闷”是嘴上的时髦语言，只要稍有不顺，就大呼“郁闷”；第二种是适应不良型的，他们社会适应能力较差，在人际交往、校园生活、学习等方面会遇到一些问题，感觉生活不如意，于是内心感到郁闷；第三种是确实存在心理困扰、精神忧虑的。总体来说，后两种青少年应特别关注内心的健康。

其实细想一下，青春期的孩子有些“郁闷”也是正常的，因为进入青春期后他们的生理和心理都发生了较大的变化，存在一定的思想困惑，加之学习压力较大、父母期望较高，使他们无法轻松应对学习和生活。一旦遇到不顺心的事情，心情就容易受到影响。而随口说出“郁闷”也算得上是一种心理宣泄，就像唉声叹气一样，叹气之后感觉心情舒服一些。

“郁闷是一种笼统的心理亚健康情绪的反应”，心理专家表示，青少年心理问题主要表现在抑郁、敌意、偏执、焦虑、强迫倾向、人际关系敏感等方面，这些心理情绪状态都是导致他们产生郁闷情绪的因素。

对于郁闷情绪，青少年应该学会辩证地看待。郁闷，是你面对挫折和困难时的迷茫与痛苦，我思故我在，你感到了痛苦，证明你在思考，你想进取。因此，偶尔郁闷一下未尝不可，可是如果长期郁闷，就可能产生不良的问题。就像拿一块石头，拿一会儿没什么，拿24个小时，肯定会把你累坏。同样的道理，如果你总是郁闷，抱怨人际关系不好，抱怨学习成绩差，抱怨自己相貌不出众，一直郁闷着不去做事，看不到前途，你会永远走不出郁闷。心理专家表示，如果郁闷情绪长期积累，对青少年的成长肯定是不利的。因此，建议青少年学会自我调节，积极主动地适应环境，乐观热情地面对现实，提高自身素质和修养。

妈妈最想对你说的话

亲爱的儿子：

现在社会压力大，竞争激烈，爸爸妈妈忙于工作，想努力让家人过上更舒适的生活，与此同时却忽视了和你的沟通。当你在学习和生活中遇到困惑时，如果没能向同学、朋友倾诉，就可能憋在心里，长期如此，你的情绪会变得比较抑郁。对此，爸爸妈妈今后会多抽时间与你谈心。同时妈妈想说的是，你已经进入了青春期，是一个大人了，面对一些不顺心的事情时，你要学会独立处理，当心情不好时，要学会调节，这样你才会变得成熟稳重。所以，妈妈给介绍几种调节情绪的办法：

(1) 换个角度看问题。如果老师批评你，你应该笑着接受，因为老师批评你，证明你还有可塑性，还有可以教化的价值，同时，也能说明老师重视你，不然的话，他可能对你的错误轻描淡写一笔带过，甚至干脆不予理睬，那样对你而言是一个损失，因为你失去了一个深刻反思的机会。可见，只要你有了正确看问题的角度，一切不如意都会变成如意，那还有什么好郁闷的呢？

(2) 不必苛求自己完美。要知道“人非圣贤，孰能无过”。每个人都是有缺点的，因此你要学会宽容自己，让自己轻松一些，这样你才能愉快地应对学习和生活中的难题。

(3) 努力结交一两个知己。当你遇到烦恼时，可能并不需要长辈给你讲大道理，你需要的只是一个忠实的倾听者，你希望在心理上将郁闷与烦恼一吐为快，因此，选择向好朋友倾诉是最合适不过的。如果你有一两个知己，那么当你有烦恼了，就向他们倾诉吧，那样你的不良情绪就不会积压在心里。

(4) 空闲时不妨“胡思乱想”。心理学家研究发现，“胡思乱想”有助于消除学习、生活中的紧张疲劳，起到放松身心的作用。当你感到困倦和无聊的时候，可以想象一下童年时美好的回忆，想象一下快乐的经历。不过你要注意的是，这种漫无边际的胡思乱想要适可而止，要把更多的热情投入到学习和生活中去。

——爱你的妈妈

你为什么变得冷漠无情

正豪14岁了，伴随着他的成长与进步，妈妈的烦恼也越来越多。她说正豪越长大越冷漠，小时候跟她无话不说，但现在他的话越来越少，父母问一句，他才答一句，问多了还不耐烦，可是同学来电话了，他却有说有笑地聊上一个小时。

更让妈妈伤心的是，正豪只知道关心自己，却不知道关心父母。有一次，妈妈生病了躺在床上，正豪饿了就自己去买吃的，也不问妈妈想吃点什么，而且在外面玩到很晚才回家。回到家里也不问妈妈的病情怎么样，直接进入自己的房间把门一关，就做自己的事情了。

妈妈说，正豪的行为真让她难受，同学生病了，他还知道送一张祝福卡给同学，可是对生他养他的父母却冷漠无情，孩子怎么越长大越不懂事了呢？

14岁的孩子正处于青春期，认识水平不断提高，对事物有了自己的观点，同时喜欢特立独行，容易走极端，叛逆心较强。特别是一直管教他的父母，常常是他叛逆的首选对象。有些孩子会明目张胆地与父母“硬抵抗”，有些孩子则采取寡言少语的方式与父母“软抵抗”。不少青春期的孩子觉得自己长大了，和父母有了代沟，与父母缺少了共同语言，因而不愿意和父母对话交流。

沉默寡言是冷漠的表情符号，但沉默寡言并非真的冷漠，有可能只是一种单纯的沉默。冷漠与沉默都表现为话少，但冷漠无情，沉默有情；冷漠无动于衷，沉默深藏激情。

真正的冷漠是指对人对事态度冷淡，有时甚至是冷酷无情。国外心理研究者指出：在现代社会中，不少青春期的孩子在心理上存在“三无”心态：一是无动于衷，可以说是无情；二是缺乏活力，可以说是无力；三是漠不关心，可以说是无心。

冷漠的青少年在学校里对所学的知识不关心，对集体活动冷眼旁观，没热情，置身于事外，给人一种“看破红尘”的印象。事实上，他们的智力和品格并不差，只是个性上存在某些问题。长期冷漠容易导致孤僻，使青少年产生与世隔绝的心态，觉得一切都百无聊赖，生活毫无意义。严重的话还会使人感到空虚、狂躁，诱发抑郁症，继而产生轻生厌世的心理。

青春期的孩子表面上看起来冷冰冰的，实际上并不一定就真的冷漠。青春期的孩子性格发展还不完善，他们有时对父母冷淡，好像很冷漠，有时对同学、对集体很热情、很关心，这就说明他们不是冷漠的人，而是沉默的表现，是亲子关系出现矛盾时，为了逃避矛盾、避免矛盾升级所选择的情绪表达方式。

妈妈最想对你说的话

亲爱的儿子：

妈妈知道，自从你进入了青春期，与爸爸妈妈的关系就淡了很多，你看起来总是对家里的事情漠不关心，对爸爸妈妈很冷淡，这让爸爸妈妈感到很不解，还以为自己做错了什么，惹你生气了呢。不过妈妈后来想通了，你这个年龄的孩子，有自己的心思和想法，有些事情你们不愿意讲，宁愿藏在心里，不说出来，因为你觉得说出来可能也很难被父母理解。所以，你和同学、朋友能欢声笑语，与爸爸妈妈却说不上三句。

其实你对爸爸妈妈冷淡，也并不是真心的。有时候你可能觉得爸爸妈妈说话、办事太老套了，所以干脆懒得理父母。因为你害怕表现出对父母的不满，引起和父母的冲突。妈妈很理解你的心情，你这么做没有什么错。不过妈妈想说的是，在与其他长辈交往的时候，要表现得礼貌一点，因为那样不仅关系到你在他们心目中的形象，还会影响父母的声誉。如果你对他们爱理不理，冷漠待之，他们会误以为是爸爸妈妈把你教坏了。

从你进入青春期后，身体逐渐发育，心理也有了一些变化，加上学习压力比较重，因此，可能有疲惫感、厌倦感，甚至都不愿意说话了，这些我们都可以体谅。青春期的你思维比较活跃，但情绪不太稳定，容易激动，容易抑郁，面临冲突时协调能力还不成熟，对这一点也希望你能有正确的认识。

从小你就接受了来自父母尊敬长辈、孝敬父母的教育，但是进入青春期后，你会不由自主地抵抗或以沉默应对父母的教导和劝诫，觉得父母唠唠叨叨，是在找碴儿。其实并不是这样，你可能确实有一些毛病，父母指出来只是想让你尽快改正，成为一个优秀的好孩子。你应该理解父母的良苦用心，正确对待父母的教育和指导，爸爸妈妈也会给你留出思考的空间，减轻你成长的压力。

——爱你的妈妈

孩子，进入青春期后，你可能对父母的教导从心底感到厌烦，从而报之以冷漠，其实，这是非常不利于你成长的。在父母面前，勇敢地说出自己的想法，争取和父母进行良好的沟通，可以让自己少走许多弯路。

Part3：行为上的秘密

XINGWEISHANG DE MIMI

青春期是一首歌，它奏响了成长的音符，青春期是一种回忆，它是你生命中不可磨灭的痕迹。

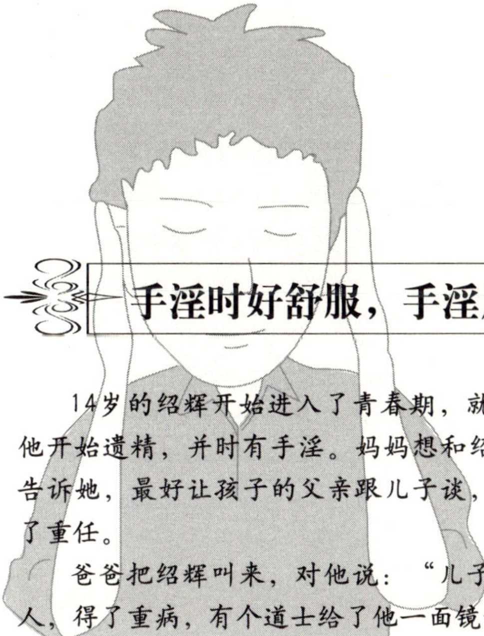

手淫时好舒服，手淫后好自责

14岁的绍辉开始进入了青春期，就在他渐渐摆脱童稚的时候，妈妈发现他开始遗精，并时有手淫。妈妈想和绍辉谈谈，但不知道怎么开口，有朋友告诉她，最好让孩子的父亲跟儿子谈，于是绍辉的爸爸“临危受命”，担起了重任。

爸爸把绍辉叫来，对他说：“儿子，在《红楼梦》里，有个名叫贾瑞的人，得了重病，有个道士给了他一面镜子，告诉他用镜子的正面照，可以看到一个美女，用镜子的另一面照看到的是一具骷髅。道士嘱咐他千万不要用正面照，结果他还是用正面照了，结果送了命。知道为什么吗？这就是因为他没有节制自己的欲望。”

绍辉听得似懂非懂，不知道爸爸到底想说什么。爸爸的话不但没有达到劝诫的目的，反而使他紧张起来，之后他上卫生间时把门关得紧紧的，把沾有精液的内裤藏起来，见到妈妈到他床边就目不转睛地盯着妈妈……

绍辉妈妈知道绍辉爸爸对儿子的教育没有成功，于是决定亲自出马，可怎么谈呢？这时，她在报纸上看到了一篇文章，顿时茅塞顿开。她看了一些相关的书籍，经过几天的准备，在一天晚上与儿子面对面谈起了“性”。妈妈把男孩子的生理特点告诉绍辉，还告诉他女孩的生理特点这样绍辉对男性和女性有了比较全面的认识，消除了对异性的神秘感。

接着，妈妈对绍辉说：“遗精是男孩子成长发育过程中的正常生理现象，精液是你的好朋友，看到你一天天长大，妈妈很高兴。手淫也是伴随男孩子一天天长大而出现的正常自慰现象，很多男孩都有这种行为，没有什么见不得人的。”随后，妈妈给了绍辉几本相关的书籍。

绍辉好像一下子轻松了，紧张焦虑的情绪也没有了，手淫的次数也逐渐少了。

事实上，绍辉爸爸还没有跳出“手淫有害论”的怪圈，而妈妈则能科学认识手淫现象，这对绍辉来说是一件幸事。其实，就像绍辉母亲说的那样，手淫是正常的行为，没有什么见不得人的，青少年不必为此感到自责。

手淫是一种不存在具体的性伴侣，通过自我抚弄、刺激生殖器官而获得性满足、性快乐的行为。据国外报道，80%～90%的男性和50%～60%的女性都有过手淫的行为。偶尔的手淫对人体并无大碍，但是过度手淫或习惯性手淫对人体会造成不良的影响，如精神疲惫、精力不足等。

专家表示，手淫的危害关键不在身体，而在心理。不少青少年偶尔手淫，就认为自己犯了见不得人的罪恶，道德败坏，这种想法给自己增加了沉重的心理负担，使自己情绪极度紧张、焦虑，以致出现神经系统活动紊乱。据调查，在青春期受到适当的性知识教育的人，精力专注于学习，自控力较强的孩子，很少发生手淫的行为。因此，通过端正认识，多参加有意义的活动，青少年就可以逐渐消除手淫行为。

妈妈最想对你说的话

亲爱的儿子：

手淫是青年男女比较常见的生理心理现象，相关调查发现，80%～90%以上的男性有过手淫行为，50%～60%的女性有过手淫行为。因此，你需要正确认识手淫行为，切不可将其看成是不道德、下流的行为，继而自责、痛苦。

妈妈这么说不是提倡手淫，而是说你正处于生长发育、新陈代谢旺盛的阶段，偶尔手淫是正常的。如果你能多参加一些体育锻炼、社交活动等，不仅有益于健康和成长，还可以分散你的注意力，消耗一部分体力和精力，减少你手淫的次数。

如果手淫过度，就应该引起重视。因为恣意手淫，沉浸于色情，势必会无心学习，荒废学业，损伤身体，尤其是你现在处于青春发育期，心理状态不稳定，更需要你提高自我控制和自我约束力。在这里，妈妈给你提几点建议：

第一，培养良好的爱好和兴趣，通过丰富多彩的兴趣爱好来丰富自己的生活，将旺盛的性能量化解掉。比如，你有阅读的兴趣，那么一旦有时间，你就会沉浸于书的海洋，你会在阅读的过程中找到愉悦的感受，这样你就不那么想手淫了。

第二，养成良好的生活习惯，预防手淫从点滴做起。不要穿过紧的裤子，按时睡眠，晚餐不宜过饱，睡眠时不要盖过暖过重的被子，睡眠不宜仰卧和俯卧，晚餐不宜刺激性饮食，如酒、咖啡、辛辣之品。保持良好的卫生习惯，保持外阴的清洁，经常清洗，除去积垢不良刺激。

第三，多参加集体活动，减少对异性的好奇，避免早恋。要正确认识过度手淫的危害，树立决心，参加集体活动，把自己从手淫的精神压力下解放出来。如果之前你过度手淫，也不必耿耿于怀，要微笑面对未来，要记住，只要你愿意纠正不良的行为，现在行动就不算晚。

——爱你的妈妈

该怎么拒绝女孩的求爱

经过“黑色七月”的洗礼，刘伟终于考入了当地的重点高中，陌生的同学和老师，全新的校园环境，这一切让他很兴奋。刘伟个头很高，长得英俊，为人热情、活泼，喜欢打篮球、踢足球，喜欢帮助别人。开学不久，他在班里就有不错的人缘。

刘伟的同桌王彤是个白白净净的女孩，长得非常可爱，有些内敛，非常善良。她对刘伟产生了好感，每当自己碰到不会解的数理化题目，她都会请教刘伟，刘伟也总是很耐心地帮她讲解，他们相处得很融洽。

一天课间，王彤趁刘伟不在座位的时候，把一张小卡片夹在刘伟的书里。上课的时候，刘伟像往常一样打开课本，发现一张精美的小卡片滑了出来，上面写着：“伟，做我的男朋友吧”，落款是“彤”。

刘伟的脸一下子涨红了，看着那清秀熟悉的字迹，他知道是同桌王彤写的，他不敢抬头，怕看见王彤的目光。刘伟为难极了——他不想答应，但是这个女孩确实很不错，自己也挺喜欢的，真害怕伤害她，该怎么办呢?

在成长的岁月里，很多青春期的女孩子都会碰到男孩的追求，这是一种正常现象，不过也有一些男孩被女孩追求，这种情况正常吗？其实也非常正常，一方面可能是男孩太优秀了，太招人喜欢了；另一方面可能是女孩子比较主动，所以才敢于大胆表白。

就多数女孩而言，随着情窦初开，会对男生产生渴望，并在暗中祈祷爱神的降临，这属于正常心理。然而，麻烦的是，不少女孩在与男孩的交往中，常常会按捺不住内心萌动的情愫，主动向男孩子求爱。这对男孩子来说是一件甜蜜而幸福的事情，只是处于这个特殊的年龄，面对繁重的学习压力，到底该不该接受呢？通常会有这样几种选择。

第一，害怕失去朋友。害怕孤独是人的天性，青少年也一样。结交一个知心朋友不容易，男孩也怕自己的拒绝会令对方难堪，从此不再和自己相处，所以就犹豫不决，当断不断，这是人际关系依赖症的表现。

第二，不懂拒绝技巧。拒绝是一种艺术，缺乏拒绝经验的男孩，往往不会开口拒绝他人，这与男孩是否有拒绝的胆量没有关系，仅仅是因为甜蜜不善于说“不”，觉得直接说“不”有些别扭，但又不善于委婉地拒绝，因此只好忍着不说。

第三，得意忘形，把事情传出去。有些男孩是性情中人，当收到女孩的求爱信后，会得意忘形，于是忍不住把事情告诉给身边的同学，可是同学一不留神将事情告诉了别人，最后把一件很平常的事情弄得不可收拾。最关键的是写信的女孩会感到无地自容，要承受很大的舆论压力，这很容易使女孩和男孩的关系无法修复。

妈妈最想对你说的话

亲爱的儿子：

作为青春期的男孩，有必要学会拒绝的艺术，学会与异性正确相处。当你收到异性的求爱信或求爱纸条时，应该正确对待，冷静处理。作为青春期的男孩，面对异性的示爱行为，可能会无法冷静下来，这是一个大忌，如果没有正确处理异性的求爱问题，那么很容易导致发生早恋问题。由于你们年龄还小，正处于求知阶段，不应接受这份感情。

孩子，女孩喜欢你没有错，你一定要尊重对方。即使你不答应对方，也不要轻易将对方写给你的信公之于众，更不要当面嘲讽对方，这样既伤害了对方的自尊心，又可能使事情变得复杂起来。在你答复对方的时候，一定要态度明确、坚决，不能含糊其辞，使对方产生误解。

如果对方不停地纠缠甚至威胁，你不必害怕，可以见机行事。比如，你可暂时答应她，先稳住她的情绪，然后立即把事情告诉老师，请老师帮助做对方的思想工作，使对方及早放弃不应有的想法。在这种情况下，你需要记住：只是暂时答应对方要求，只能做些口头承诺，绝不能答应对方不合理的、更进一步的要求。

——爱你的妈妈

男孩也会遇到性骚扰

有个男孩名叫希希，正在读初二，他的爸爸是某乡镇的干部，由于工作在外地，经常半个月才回一次家。希希的妈妈是个饭店经理，整天早出晚归。因为忙于工作，他们根本没有时间照顾希希，因此，两年多的时间里，希希的衣食住行基本都是由保姆照顾。

保姆三十多岁，不但相貌俊俏，还非常温柔，她对希希关怀备至，体贴入微。在父母不在家的日子里，保姆成了希希最亲近的人。几个月前的一天清晨，当希希醒来的时候，发现保姆坐在他的床边，她用温柔的眼神凝视着希希，并在希希的身上轻轻地抚摸，使希希感到非常兴奋与快乐……

在这之后，这样的事情又接二连三地发生。其中有一次，保姆还拉着希希的手触摸自己的胸部和阴部。对此，希希充满兴奋与渴望，又感到非常恐惧与自责，他不知道以后还会发生什么事。希希不敢把这件事告诉爸爸，也不好意思告诉妈妈，至于向同学倾诉，希希觉得实为不便，只能闷在心里。他怕父母知道自己干了坏事，整天提心吊胆，寝食难安，无心学习……

从希希的遭遇中可以看出，他所面临的就是性骚扰。对于一个14岁的男孩来说，恰恰处于青春萌动的时期，这一年龄段的少男少女在心理上会对异性表现出更多的关注。他们所关注的对象可能是已婚的年长邻居、亲戚、老师等，当然多数还是同龄的异性。

在上面的故事中，由于父母经常不在身边，希希可能缺少父爱或母爱，保姆阿姨对他特别好，使他对其产生了依恋式的爱，于是保姆成了他最亲近的人。因此，希希既没有防范保姆对他做出亲密的举动，而且当保姆对他有亲密的举动时，他也没有拒绝。尽管希希非常自责和恐惧，内心非常复杂，但他依然不知如何面对这种情况。

幸好，希希遭受的性骚扰处在初期，在保姆以温柔的方式诱惑希希上钩时，他已经察觉了保姆的真实意图，相信下一步他会作出拒绝的行动。生活中，由于家长的疏忽，没有重视男孩子所遭受的性骚扰，这样的例子很多。有资料显示，当男孩子遭遇性骚扰后，他们的身体和心理均会受到不良的影响。因此，即使是男孩子，也要防止与异性单独相处，尤其要注意不能让别人轻易碰自己的生殖器，如果真的遇到这种情况，一定要想办法立即脱身，并及时告知父母。

妈妈最想对你说的话

亲爱的儿子：

有人说，只有女性才会遭遇性骚扰，其实这种说法是错误的，男孩子同样会遭遇性骚扰，你想想看，在年幼的时候，你是不是经常受到身边的人的性骚扰呢？比如，亲人、朋友、同学等。当你在父母的怀抱时，是不是有人会摸你的小鸡鸡呢？当你还在穿开裆裤的时候，是不是有人会拍你柔软的屁股呢？当你上小学时，是不是有人会趁你不注意扒掉你的裤子呢？知道吗,孩子，这些都是对你的性骚扰，只不过那时候由于你的身体没有发育，你的性意识没有觉醒，你对别人的骚扰并不敏感罢了。

与女孩子相比，男孩子发育要晚一些，对性的认识也要晚一些，这种迟来的成熟正是受到女孩子骚扰的原因之一。有些女孩子在青春期非常躁动，她们在雌激素的作用下，渴望了解男孩子的生理特征，在不知不觉中产生爱慕、欣赏之情。男孩子对于性的认识，总是让人觉得单纯得可爱，在妈妈的印象中，那些玩具和动画片对你来说比什么都有吸引力。不要认为只有女性才会遇到性骚扰，要知道你也有可能遇到性骚扰，千万不能忽视这个问题。

性骚扰是指一方刻意对当事人从事或提及与性有关的言行举止，使当事人觉得不舒服、不自在、被伤害、被侵害，导致对当事人的生活造成较大的负面影响。性骚扰除了赤裸裸的性侵犯，还有一些不被人们重视的行为，比如：直接行为侵犯，要求或强迫抚摸你的隐私部位，让你看色情影片或色情照片、图书，把你赤裸的身体拍下来，用不文明的语言挑逗你，用一种让人反感的方式触摸你身体的任何部位等，都属于性骚扰的具体表现。

不只有男性对女性可能有性骚扰，女性对男性甚至同性之间也会表现出性骚扰的行为。而男孩子也可能遭遇性骚扰，这是常被人们忽视的问题。或许你会问，如果都是男的，摸一下有什么关系呢？是不是小题大做了呢？其实不只你有这样的疑问，很多人都觉得这是无关紧要的。生活中，人们肆无忌惮地开玩笑，说一些黄色笑话，却不知道已经对别人造成了性侵犯。妈妈需要提醒你的是，如果有人拉着你看色情片，你一定要学会拒绝。否则，你就可能一步一步被拉下水。

一旦遭到了性骚扰，你该如何应对呢？

首先，你要有自己的标准和底线。比如，身体的哪些部位是坚决不能让人摸的，简单概括起来，就是用衣服盖住的部位。当然，只要对方的行为让你感到不舒服，就算没有触碰到敏感部位也可能构成性骚扰。除了身体上的接触，语言上的挑逗，或邀请你从事与性有关的活动，也可能对你构成性骚扰。所以，遇到这样的问题时，你要严词拒绝。

如果性骚扰发生了，请记住那绝不是你的错，因此，你不必感到胆怯、害怕、自责，要勇敢地告诉爸爸、妈妈、老师，因为这种事情不是你想要的，你不能用骚扰者的错来惩罚自己，而应该让骚扰者来负责、来受罚。必要时你还应找心理医生，并去医院做检查，千万不能因为羞愧而把自己藏起来，那样会让你损失更大，尤其是给心灵带来的创伤。

——爱你的妈妈

性骚扰不仅仅只出现在女孩的生活中，男孩子也会遭遇性骚扰。

应该怎样和女孩子交往

有一个初二男生，在班里很少和女孩子说话，没有一个女性朋友。他曾经在小学时很爱和女孩子打闹，常被她们告状，后来父母经常嘲弄他，他就不好意思再和她们打闹了。上了初中，他在与女孩子的交往中非常被动，他不敢和女孩子开玩笑、一起聊天，担心自己的话会触动她们的敏感神经，于是渐渐地疏远了她们，他觉得女孩子就像外星人一样不可捉摸。由于和女孩子缺乏交流，他无意中失去了很多宝贵的友谊。

随着青少年进入青春期，少男少女们在生理和心理上都发生了很大变化，他们开始表现出对异性的倾慕与向往，希望自己能与更多的异性交往，希望能向异性朋友倾诉心里话。如果男同学没能把握好与女孩子交往的尺度，就容易发生早恋。

与之相反，很多男孩子不敢与女孩子交往，羞于谈异性，与异性说话时会脸红、出汗、心跳、呼吸加快、语言不连贯等，出现异性交往障碍。或许这与成人的教育有关，有些家长禁止孩子与异性同学一起活动，害怕孩子早恋，结果越禁止，越神秘，孩子越想与异性接触，这对他们心理的健康发展是非常不利的。同时，如果男孩失去了与异性交往、学习的机会，将来可能因为缺乏与异性的交往经验而导致无法适应社会。

要知道，青春期的异性交往对孩子有很多好处。

首先，智力方面。男孩和女孩的智力类型是有差别的，男孩和女孩经常一起学习，相互影响，就可以取长补短，实现差异互补，提高各自的智力活动水平和学习效率。

其次，异性交往有利于丰富孩子的情感，在异性身上获得的情感交流和感受，往往是在同性朋友身上找不到的。这是因为女孩的情感特点与男孩是有差异的，女孩有细腻温和的情感，富有同情心，能够给人宁静的力量，可以帮助男孩消除苦恼、挫折、平静内心情绪。

最后，个性方面。只与同性交往，往往会使你的心理发展越来越狭隘，远不如既与同性又与异性的多向交往更能丰富你的个性。多向的人际交往，可以使差异较大的个性互相补充、互相渗透，使你的性格更为豁达开朗，情感体验更为丰富，意志也更为坚强。就像一位著名的心理学家所说的那样："男人真正的力量是带一点女性温柔色彩的刚毅。"因此，男孩子积极与女孩子交往是成长过程中必须经历的。

妈妈最想对你说的话

亲爱的儿子：

不知道你是否有这种体验，那就是有女孩参加的活动相比于只有男孩子参加的活动，你们男孩子的表现会更加积极活跃，你们感到更加愉快，会干得更出色。这就是心理学上的"异性效应"，即当有异性参加活动时，与异性接近的心理得到了满足，于是彼此间获得了不同程度的愉悦感。

不过妈妈想说的是，尽管与异性交往对你的成长有许多好处，但交往中，你应该把握好度，防止"过"与"不及"。以下几点是妈妈给你提出的建议：

第一，更新观念，主动交往。妈妈知道，你正处于青春期，由于性的萌动，你会对女孩子产生好奇，这是正常的生理心理现象，妈妈不想过分压抑你，以免对你的身心发展造成不利影响。在当今这个开放的年代，妈妈提倡你与女孩子开放地交往，希望你不要将与女孩子的交往神秘化，你完全可以敞开来交往，不必躲躲藏藏。

第二，大大方方，不要故作姿态。妈妈希望你在与女孩子交往的时候大大方方，以免招来流言飞语。男孩们喜欢在女孩面前表现自己，以获得异性的好感和青睐，这是很正常的。但这种表现一定要注意方法、掌握尺度，要自然大方，不可粗俗轻浮，否则你会遭人厌弃的。

第三，要善于学习异性的优点。由于性别差异，男孩和女孩在性格、气质等方面各有长处，男生坚毅、刚强、勇敢、独立，女生情感细腻、内心温柔、态度严谨。因此，在你与女孩子交往的时候，要学会发现她们身上的优点，因为这些优点恰恰是你身上所缺少的。如果你发现了她们的优点并努力学习，那么你们的正常交往将有利于你们的共同提高。

第四，分清友情与爱情的界限。知道吗？儿子，处于青春期的青少年多半心智不太成熟，这个时候很多人容易把友情误认为爱情，可是如果这时恋爱，那就太盲目冲动了。妈妈知道，对于你们这个年龄的孩子来说，很难清楚地分清友情和爱情，因此妈妈建议你尽可能参加群体交往，这样既能满足你们的心理需求，又可避免走入早恋的误区。另外，如果你遇到了情感上的困惑和烦恼，可以告诉妈妈，我们一起来分析，一起来想办法。

——爱你的妈妈

男孩应不应该让着女孩

有一天下课值日时，轮到陈涛和一位女同学去取要发给全班同学的水果。陈涛想让女同学去取水果，他负责还水果筐。而女同学则想让陈涛去取水果，她来还水果筐。两个人推来推去费了很长时间，以至于过了很久才把水果发给同学们。老师知道此事后很生气，狠狠地数落了陈涛："作为一个男生，竟然好意思让女同学拿重东西，这点小事就体现出品质不好。"陈涛很生气，都要吃水果，凭什么我就得拿重的，她拿轻的？

事情还不止这些。陈涛发现，教室里的水一没了，老师就会要男同学去搬水，男同学们很不乐意："每次都是我们男生搬，女孩可真享福，不是说'女士优先'吗，为什么在搬水上就不让她们也优先一次？"抱怨归抱怨，但男同学们每次还要去搬水，因为女生们实在是力气不行。有一次体育课，男生们罢工，坚决不去搬水了，于是，不甘示弱的女生们去了，她们颤颤悠悠地搬了一桶水往回走，但因为力气小，直到体育课结束、数学课已经开始，水还是没搬过来，那节课，可把同学们给渴坏了。

还有一次，陈涛和班上一个女孩打架了，起因是女孩淘气把他的书给藏起来了。后来，两人就被老师给叫到办公室了。陈涛以为老师会先批评女孩，但没想到老师先对他说："你作为男生，这样随便动手不好，要让着女生。然后才对女生说要尊重别人，以后不要再做这样的事了。事后陈涛认为老师们对男生太不公平了，就忍不住去找老师理论。

老师听明白陈涛的来意后，笑着说，他之所以这样做是希望男生更豪爽，女生更心细，在做事的时候大家根据自己的实际情况合理分工，男生搬搬水，女生编编报，同学们才能团结一心。

陈涛知道，老师是想为同学们好，但是妈妈也曾经说过："男孩和女孩都是一样的，为什么男孩子就应该让女孩呢？如果男孩子处处都让着女孩，就会让女孩子越来越依赖他人，而不能独立地生活。"对此，爸爸也很赞同。这样一来他不明白了，男生应不应该让女孩呢？

其实，男女孩之间让不让的关键在于能力而不在于性别。如果男孩子力气大，能够胜任，去承担一些女孩子不能做的事情，既是对自己的能力的锻炼，也是对女孩子的尊重。

从这个角度来说，男生谦让女生是理所当然的，这是一个男生应该做到的，会保护女孩、谦让女孩的男生长大以后才会成为一个真正的绅士；相反，如果总是想着压制女孩子，那么这样的男孩子即使长大了也不可能真正拥有心灵的高贵品质，这根本不是个男子汉应该做的。

此外，男孩子在女孩子遇到困难时，可以尽自己的力量去伸出援助之手，女孩子也可以抛下面子去接受，但是不论最终结果怎样，都必须和别人说："谢谢！"这是最基本的礼貌。

不过，虽说男生应该谦让女孩，可是，女孩也不能把"客气"当"福气"，反过来欺负男生或体力上不如自己的孩子，这才是真正意义上的男女孩平等。

当然，如果女孩子在那些自己擅长而男孩子不擅长的事情上也是可以多出一份力的，比如做饭、洗手帕等事情上。

妈妈最想对你说的话

亲爱的儿子：

妈妈曾经说过，男孩子时时处处的谦让会让女孩子变得依赖，但这并不是不要你谦让女孩子。如果你做什么事情都要让着女孩子，这对女孩子本身来说是不公平的，不过在必要的时候，谦让是一种美德。

在学校，同学之间朝夕相处，原本就是情同手足，这种宝贵的友情是人类最美好的感情之一。在合理的范围内同学之间就应该相互尊重，互相帮助，团结友爱，共同学习和进步，所以当你和同学相处的时候就一定要做到以下几点：

第一，尊重他人。说话、办事要让同学充分发表意见，不要自吹和过于自信。

第二，对人要真诚。不能阳奉阴违，华而不实，说话不要绕弯子。

第三，和同学发生矛盾时，要尽最克制自己，谦让对方。

第四，不要自高自大。同学要互相尊重，取长补短，团结友爱。成绩优良的同学应积极主动关心帮助基础差的同学，共同进步。

第五，处事要大方。同学之间有困难应热情相助，别人向你借东西应尽量满足，答应过的事应尽量做到。但是如果对方是一个自尊心极强的人，你一定要掌握好谦让的方式。如果对方在一些不必要的事情上或用一种超越了你的原则的方式要求你谦让，你就要明白，这时你应该做的是拒绝对方，而不是毫无原则地谦让。

第六，向别人借东西时应先打招呼并爱护使用。用后应当面还给人家，不要“先斩后奏”或漫不经心。

——爱你的妈妈

口吐烟圈的样子真的潇洒吗

有一天，张女士发现正在读初中的儿子染上了抽烟的陋习，还发现儿子把烟藏在书包里。她本想狠狠教训儿子一顿，但是怕正处于青春期的儿子听不进去她的话，变得更加逆反，于是她来到咨询室请专家帮忙出主意。

张女士说，儿子14岁，是一所重点中学的初二学生。他学习成绩不错，也很懂事，性格比较开朗。一个周末，儿子邀请几个好朋友来家里玩。怕大人在家孩子们觉得拘束，张女士做好饭菜后就和爱人出门了。晚上回来时，儿子的朋友已经走了，张女士在打扫卫生的时候发现地上有烟头，便问儿子怎么回事，儿子说他没抽，是他的朋友抽着玩的。

第二天，儿子去了奶奶家，张女士在他的书包里发现了一包烟，当时她十分生气。因为儿子不但抽烟了，还撒谎了，真的很想教训儿子一顿，让他长长记性。可是又一想，儿子正处于青春期，如果直接批评他可能会激化矛盾，所以才会请专家出主意。

听了张女士的叙述，专家表示不妨和孩子心平气和地聊天，这样做效果会更好。张女士回家后，便与儿子闲聊，顺便提起抽烟的事情，并说：“我知道你很懂事，不会抽烟，你应该好好劝你那些朋友也不要抽烟，因为抽烟对你们身体不好，而且你们现在正处于青春发育期，抽烟对身体的危害更大。”这次谈话后，张女士发现儿子书包里的香烟不见了。

当香烟燃烧时，会释放出二三十种有害的物质，这可不是耸人听闻。香烟中的主要成分是尼古丁，会给青少年娇嫩的心脏造成极大的伤害。科技在不断发展，人们对香烟的认识越来越透彻，世界禁烟组织研究发现，香烟中的很多有害物质会导致呼吸系统、心血管以及消化道等内脏中的疾病。青少年正处于身体发育时期，如果吸烟将会给健康埋下巨大的隐患。

现在有些青少年认为吸烟“有派”“有风度”“有男子汉气概”，女孩子则认为吸烟很迷人。其实，男孩子吸烟除了造成上述的那些疾病外，还可能影响将来的生育，对精子存活、精子数量都会产生影响，还有可能导致精子畸形，即可能导致将来的不育，还容易造成第二代出生时畸形。如果女孩子吸烟，将会导致月经紊乱、面色变黑、皮肤松弛，美丽的容颜会过早地失去，这恐怕是许多女孩子不愿意接受的吧。

许多医学专家发出警告，青少年抽烟可能会有损大脑发育和听力。最新研究表明，年轻人吸烟很可能出现听力问题，使他们在课堂上无法集中精力。研究人员表示，这样下去对他们的学业会产生严重影响。耶鲁大学的儿科精神病学家莱斯利·雅各布博士说：“听力受损的程度严重到即使你在学校已经很用功但它可能还是会让你不及格。”

青春期大脑正处于快速发育的阶段，特别容易受抽烟的影响。在英国曾做过一个调查，在1200万吸烟者中，大约80%的人是在十几岁的时候染上烟瘾的。1/4的女孩和1/6的男孩在15岁时就成了烟民。雅各布博士调查了一组年龄在14~19岁的青少年，发现吸烟对他们的大脑发育有负面影响。

吸烟是导致肺癌的直接原因之一。调查资料表明，在肺癌发病的患者人数中，有吸烟史的，尤其是从青少年时期就开始吸烟的，与无吸烟史的人比例为10：1。这就是为什么人们经常说吸烟等于慢性自杀的道理。对于已经染上烟瘾的青少年来说，自己要下定决心，或在老师和家长的帮助下尽快戒掉。

妈妈最想对你说的话

亲爱的儿子：

近年来，很多青少年染上了烟瘾。有的孩子是出于好奇，因为人们常说“饭后一支烟，赛过活神仙”，于是有些青少年便想去亲自体验其中的滋味。有的孩子是因为模仿，因为香烟具有多种象征意义，在中外历史上，有很多伟大的人物都是烟鬼，历史上许多伟人都是烟鬼，例如丘吉尔、斯大林、毛泽东、周恩来等。有的年轻人受成人或同伴的影响，觉得他们吸烟时的动作潇洒自如、悠然自得，于是就学，结果染上了恶习。

在有些国家（比如中国），吸烟已成为一种交际手段。敬烟往往是社交的序曲，能缩短人与人之间的心理距离。互相敬烟是一种情感沟通，能产生心理上的接近，对解决问题会有一定的帮助。许多人抽烟纯粹是为了交际，在办事之前首先要给对方敬上一支，然后再给自己点上一支。而当别人给你敬烟时，不接受又显得不礼貌。这种礼尚往来的氛围为青少年染上烟瘾提供了一个大环境，有时候还会成为他们吸烟的借口。

青春期的孩子，经常会有莫名的郁闷和忧愁，为了消愁他们就通过吸烟来缓解不良的情绪，消除一切烦恼。有的孩子认为进入了青春期，自己就是大人了，于是为了显示自己的成熟，为了证明自己不再是小孩，就选择吸烟这种方式。

孩子，吸烟的危害你是知道的，在这里妈妈不再赘言，妈妈只希望你养成良好的习惯，这对你的健康和生活是有好处的，如果你真的不幸染上了烟瘾，妈妈建议你通过以下几个办法来戒烟：

（1）别错过一日三餐。抽烟会刺激体内脂肪和糖进入血液，因而即使错过一顿饭也不感觉太饿。如果想戒烟，就应按时进餐，保持稳定血糖及体内代谢。

（2）在戒烟的头三天，要多喝酸性果汁，两餐之间喝6～8杯水。这样有助于清除体内的尼古丁，如果吃点B族维生素，不仅有助于排出尼古丁，还能安定神经。

（3）家禽类和油炸食物尽量应少吃。蛋白质被分解后，使血液吸收更多的氨，而氨量过高会刺激神经中枢系统。

（4）烟瘾发作时，马上淋浴。如果你在家里感觉烟瘾发作了，烟瘾难忍时，每天洗2～3次15～20分钟热水浴，这样可以让你身心彻底放松，血液循环通畅。淋浴还能冲掉皮肤上的烟味，更容易断掉复吸念头。

(5) 吃完饭后，到户外散步，做深呼吸15～30分钟。

通过这些方法，你就能慢慢戒掉烟瘾，还自己一个轻松健康的身心。

——爱你的妈妈

被酒精麻醉了原来会这样

建辉第一次看见同学喝醉酒是在初二的时候，那是一次期末考试结束后，班里一些同学组织一次野游，一群少男少女坐着大卡车，向湖边的草坪进发，车上载了很多啤酒。

聚餐的时候，大家喝得特别畅快，尤其是男生，丝毫没有扭捏的姿态。不过很不幸，有个同学喝醉了，坐在河边痛哭失声，最后要跳河，大家慌忙把他拉住。当时建辉心里惊疑：酒真的能令人神志不清吗？平时文静温和的同学，喝了酒之后怎么变成了另一个人呢？

第二次感受到酒精的威力是在初三的时候，陈黎是建辉的同班好友，也是同一寝室的好友，因为他豪爽大气，心直口快，敢作敢当，所以在班里很受人欢迎，人缘特别好。但有一件事情让他感到非常痛苦，初三中考在即，他暗恋已久的女孩突然转学了，他内心非常失落，于是找了几个要好的同学到小餐馆里聚餐。陈黎心情不好，自然酒没少喝，过了一会儿，他就神志不清了，嘴里喊着："喝酒，喝酒，咱俩喝。"

突然，陈黎恍恍惚惚地从椅子上摔倒在地上，正当大家过去扶他时，他打了一个嗝，傻笑道："我不行了，我要吐。"于是大家慌忙把他往洗手间扶，一进洗手间，大家就听到一阵排山倒海的呕吐声。大家怕他难受，赶紧去敲门。他在里面喊，"别管我，难看死了，不许你看。"好不容易把门打开，大家看到他坐在地上，闭着眼睛，一边吐一边流泪，大家叫他时他还冲着大家笑。

大家想办法把陈黎拖出来，拉回宿舍，想让他上床，又怕他跌下来，就把席子铺在地上让他睡，可是他眼睛闭着，躺在那里，说："好热好热。"说着就把衣服全脱了，建辉赶紧拿一块床单给他盖上。过了一会，他也不知是笑还是哭，总是睡不安稳。建辉就给他一杯水，谁知道他一把抱住建辉，说："咋就没女生喜欢我呢，我不帅吗？"建辉安慰道："没有，你很帅、很英俊。"他听了笑了，就这样反反复复折腾了好久，他才真正睡着。第二天陈黎醒来，大吼一声："我的衣服呢？"建辉把昨晚的情况给他描述了一下，他脸红了，还死不承认。

古今中外，酒是餐桌上必不可少的一道饮品。尽管人们对酒并不像对烟那么反感，但是酒也不是那么好的东西。酒的主要成分是酒精，化学名叫乙醇。乙醇进入人体，能产生多方面的破坏作用。

当血液中的乙醇浓度达到0.05%时，酒精就开始发挥作用了，它会使人心跳加快，产生兴奋和快感；当血中乙醇浓度达到0.1%时，人就会失去自制能力。如果人体的酒精含量达到0.2%时，人已到了酩酊大醉的地步；达到0.4%时，人就可失去知觉，昏迷不醒，甚至有生命危险。

酒精对人的损害，最重要的是中枢神经系统。它使神经系统从兴奋到高度的抑制，严重地破坏神经系统的正常功能。过量的饮酒还会损害肝脏，慢性酒精中毒，则可导致酒精性肝硬化，并且会对身体造成多方面的损害，严重的话还可能导致多发性神经炎、心肌病变、脑病变、造血功能障碍、胰腺炎、胃炎和溃疡病等，还可使高血压病的发病率升高。还有人注意到，长期大量饮酒，能危害生殖细胞，导致后代的智力低下。常饮酒的人喉癌及消化道癌发病率明显增加。

处于青春期的少男少女，如果过量饮酒，会对身体造成损害，影响身体的正常发育。青春期的男孩子经常饮酒，会导致精子质量下降，对今后的生育能力造成影响。因此，为了身体健康，要尽量少饮酒。

妈妈最想对你说的话

亲爱的儿子：

现在，你们同学之间的聚会越来越多，酒也成了你们餐桌上的时髦品。比如，你的同学过生日，考试完了，甚至是运动会上得了名次，都可能会聚餐。在餐桌上，为了助兴，酒是必需品。可以说，你喝酒的机会越来越多，对此妈妈颇为担心，害怕你深受酒精之害。

我们知道，酒的主要成分是乙醇，乙醇主要在肝中进行氧化和代谢。肝中存活着葡萄糖醛酸酶，是重要的解毒物质。而正处于青春期的你肝脏发育并不完善，肝脏解毒的功能也远不如成年人。所以，酒精会严重损伤你的肝脏。酒精还非常容易损害你的神经系统，使你的脑细胞受到损伤，并直接危害着你的身体健康。

当年妈妈也喝过酒，有一次在妈妈喝得脸颊绯红时，妈妈的老师给了我两个忠告，她说："你是个大女孩了，将来你要远离家人，因此要学会照顾自己。记住，最好不要做两件事：一是当众痛哭，二是当众醉酒。"老师的话让妈妈记忆犹新，其实他是在告诉妈妈，酒不能多喝，在青春期更应该少喝酒。

妈妈知道，有时候酒确实会让人在麻醉的状态下宣泄一些平时隐藏的情绪，所以，酒能助兴，无酒不欢；但更多的时候，酒是离人或弱者的选择。不是有句话叫"酒入愁肠愁更愁"吗？还有一句话叫"借酒消愁愁更愁"。因此，如果你有烦恼，想通过醉酒来消除烦恼，那是没有任何效果的，酒只能麻醉你一阵子，等你醒来，一切困难和烦恼还是需要去面对。

——爱你的妈妈

结交真正的朋友

15岁的振华是一名初三学生，即将面临中考，但他却在损友的教唆下，屡屡逃课到网吧玩游戏，父母对此深感失望。

振华原本非常聪明好学，上小学时，振华的成绩总是接近满分。左邻右舍都羡慕振华的父母，夸他们的儿子有出息。

从上初中一年级开始，振华就与班里一个名叫陈陶的同学关系很好。陈陶的母亲因为外遇，几年前与陈陶的父亲离婚了，陈陶的父亲忙于工作，无心照顾儿子。陈陶家离振华家不远，振华的父母知道陈陶的遭遇，对其很是同情，每次陈陶来找振华玩时，他们总会留他在家吃饭，过年过节给振华买礼物，也不忘给陈陶买一份。在这种情况下，振华和陈陶关系越来越好，整天形影不离。

陈陶的成绩糟糕，而且不知从何时开始，又喜欢玩网络游戏。在他的影响下，振华从初二开始就迷上了网络游戏，后来越来越上瘾，发展到逃课上网。虽然父母和老师苦口婆心地教育他，但抵不上陈陶的一句话。在初三的寒假，振华几乎天天与陈陶在一起上网，父母不给零花钱，振华却不担心，因为好朋友陈陶有钱。

由于网吧环境糟糕，情况复杂，很容易让人学坏，于是父母给振华买了一台电脑，想让他在家上网学习，没想到陈陶从此天天到他家来，还鼓动振华不要上学。因为同情陈陶的身世，振华的父母不忍心把陈陶赶走，只能骂自己的儿子，没想到，当他们骂儿子的时候，陈陶在一边不时拆台。比如父母对振华说“不上学没出路”，陈陶立刻会说“上学也没出路，现在大学生都找不到工作”。初三时每个周六都要补课，父母劝振华去上课，陈陶却说每周少上一天课有什么大不了，去不去都一样，还不如在家玩游戏呢。

父母暗地里劝振华不要再和陈陶来往，可振华说他只有这么一个好朋友，如果连陈陶都不理他，他活着没意思。这样，振华的父母更不知道该怎么办了。

在生活中，一般人都有许多朋友，但有真正友谊的朋友并不多，很多青少年不但没有交到什么好朋友，反倒是交了坏朋友，跟着学坏。或许你会问什么样的朋友才是真正的朋友，有句话叫“君子之交淡如水”，真正的好朋友是指没有利益上的关系，更确切地说就是当你遇到困难时，他会毫不犹豫地帮助你，你们彼此间很有默契，有共同语言，你们互相帮助，共同进步。

有三种人值得你和他交朋友，一是为人正直，内心坦荡、刚正不阿的人，这种人的人格可以影响你，在你犹豫不前的时候给你果断抉择的勇气。二是懂得宽容、有体谅之心的人。宽容是一种美德，是世界上最深沉的美德之一，当你不小心犯了错误，对他人造成伤害时，他能宽容你，给你改正的机会。三是见多识广的人，这种人就像“万能通”一样，对很多事情都有自己的深刻认识，可以说知识渊博，与他们在一起，你能从他们身上学到很多闻所未闻的知识。结交一个见多识广的朋友就像翻开一本词典，你会从中得到一个“借鉴系统”，这就是孔子所说的三种好朋友，叫友直、友谅、友多闻。

妈妈最想对你说的话

亲爱的儿子：

结交朋友要看对方的品德和品行，品德不好的人，坚决不要和他结交，因为那种人总想从你身上得到什么；也不要和脾气暴躁的人交朋友，因为他们冲动易怒，有可能将你带进深渊；优柔寡断的人也不能结交，结交这样的人会浪费你的生命，他不能给你好的影响。

在你成长的过程中，要努力结交好朋友。当你懦弱的时候，能给你鼓励的朋友,让你找到前进的方向。当你犯错时，批评远不如宽容能给你带来恒久的力量。结交到好朋友，从他的身上，你能看到自己的影子，如果你结交的朋友是有道德的，那么你的心境就是坦然的。

在与好朋友的交往过程中，需要把握一定的尺度。有人说,和好朋友可以穿一条裤子，真是这样的吗？妈妈认为不是的，真正好朋友应该是有分寸的。妈妈给你几条建议：当别人话没说完时，你不要插话；朋友聚会的时候，总有一些人跳出来，喋喋不休地说自己家里的事情，其实这种行为是不好的，你应该避免；当该你说话的时候，如果你不说话，这样也是不好的。

大量事实证明，朋友对青少年有着重要的作用。由于真正的朋友关系是亲切的、平等的、友好的、互相信任的，因此可以很好地满足你的交往需要和尊重需要。所以，与真正的好朋友交往，会使你容易吸收对方的思想、观点，学习对方的行为方式和为人处世的经验。如果你的朋友是你敬佩的人，那么你可以将其看成自己的榜样，不断向他学习。

有些好朋友考入了同一所高中，有的好朋友想进入同一所大学的专业学习；有的好朋友一起弃学经商，取得非凡成就。心理学家科克曾做过一个有趣的试验，他把七个严重缺乏社交能力的孩子同七个擅长交际的孩子配成对，每天他们都有一定的时间做游戏，结果，这些原先社交能力不足的孩子都有了明显的进步。

无数事实证明，许多青少年厌学、偷窃、酗酒、做出一些不道德的行为，与他们所结交的不良朋友有很大的关系。例如，有些青少年吸烟是因为朋友吸烟，或同伴经常宣扬“不吸烟不算男子汉”的言论。有些女孩子早恋是因为同伴认为这是一种很“潮”的行为。同样，如果同伴有好的思想、好的品德、好的行为，也会给你带来积极的影响。这就是“近朱者赤，近墨者黑”的道理。

——爱你的妈妈

"哥们儿义气"要不得

小黄和小何是同班同学，他们与一个名叫阿扁的小混混是朋友。有一次他们三个人在街上游玩，遇见了小邓。阿扁想起以前在学校经常被小邓欺负，于是恨上心头，便对小黄、小何说："前面那个人是小邓，想当年我上学的时候他经常欺负我，你们要找个机会替我出口恶气，好好教训他一顿。"小黄、小何听了，马上满口答应道："放心吧，我们一定会好好收拾他，帮你出口恶气。"

几天后的一个晚上，小黄、小何找了几个帮手，把在网吧上网的小邓痛打了一顿：小黄先在小邓的腹部猛踢一脚，继而又对小邓的头部打了两拳，小何也跟着对小邓进行殴打。与小邓一起上网的同伴见状，赶忙过来劝架，有的人还想帮小邓还击。小黄、小何见小邓有那么多人，立即逃离现场。没多久，小邓的父亲闻讯后迅速赶来，并打电话报警。

接到报警后，当地派出所迅速赶到现场，在小邓的指认下，公安民警将小黄和小何抓获。

所谓的哥们儿义气，就是为了朋友和友情而抛弃原则的狭隘义气。讲哥们儿义气的人可以不惜代价为朋友"两肋插刀"。哥们儿义气既会伤害别人，也会伤害自己，因此，青少年应该正视它、批判它。当有人要求你做坏事时，你应该冷静地劝说他，而不应该盲目地听从他。

哥们儿义气在我国古代历史上有很多表现，比如在《三国演义》中，刘备与张飞为了给兄弟关羽报仇，集结了蜀国的兵力杀向东吴，这是多么讲哥儿们义气啊，可是这次出兵违反了"东联孙权，北拒曹操"的国策，铸成大错。这一仗损失了几十万大军，导致蜀国顷刻间失去了战斗力。这样的"哥们儿义气"岂不是十分荒唐吗?

从历史角度看，历史上对于讲义气、杀富济贫等英雄行为，给予了热情的赞扬，朋友间的友谊也是同讲义气紧密联系的，比如大家熟悉的古典小说《水浒传》，写了梁山一百零八将的故事，可以说这是一部"义气传"。

毋庸讳言，"义气"是一种反映人与人之间关系的道德观念，在历史上曾起过一定的积极作用。但是，哥们儿义气却是一种基于无知和盲从、情感无基础的冲动，是一种非理智的行为，是不符合现代文明的。我们可以看到，轰轰烈烈的梁山好汉非理智的行为，结果只是昙花一现。

妈妈最想对你说的话

亲爱的儿子：

在我们身边，也有一些同学为了哥们儿义气、姐儿们和气，发现同伴做坏事不揭发，不劝阻，见到错误言行不批评，包庇纵容，听之任之。当同伴受到欺负的时候不去安慰，而是和同伴拉帮结伙去报复别人。

还有一些同学出于哥们儿义气，把作业给别人抄袭，考试的时候给别人传纸条，自以为是帮助别人，其实是在害别人。要知道，为了维护友情而帮人弄虚作假，满足对方的不正当要求，只能维持一时的和气，不能维持长久的友谊。还有一些同学在班里班外、校内校外拉帮结伙，自以为"吃得开"，结果带坏了别人，也毁掉了自己，最终甚至会走上犯罪道路。

孩子，这个社会提倡互相团结，提倡合作共赢，讲关心集体，但是这些并不等于讲"哥们儿义气"。在你和同学、朋友相处的过程中，千万不要让自己身上沾染"哥们儿义气"的坏思想，同时当你发现同学、朋友身上有坏思想时，要努力帮助他们认清哥们儿义气的危害，彻底抛弃这种旧思想、坏习气。

孩子，或许你没有觉得哥们儿义气有什么不好；可是你想想看，如果人与人之间只从狭隘的个人恩怨出发来交往，你今天给我一盒烟，明天我请你吃顿饭，后天你帮我教训一个"冤家对头"，这样下去我们为人处世就没了原则，不再讲是非曲直了，而是讲义气了，那样法纪的作用何在呢？社会不就乱套了吗？

我们这个社会提倡真正的人与人之间的友谊，反对哥们儿义气，希望你能时刻反思自己的思想和行为，看看自己的朋友中，哪些是真正的朋友，哪些是带有哥们儿义气的朋友，珍惜那些真正的朋友，多与他们交往，多向他们学习，和他们一起相知、相依、相互激励。远离那些口口声声讲哥们义气的"朋友"，否则你早晚会被他们带坏。

——爱你的妈妈

拒绝别人也有策略

14岁的夏文是个很热心的孩子，平时总是很乐于去帮助别人，别人请求他做什么事情，他从来没有推辞过，即便是他自己很忙的时候，他也会放下自己手中的事情，去帮助或应酬别人。比如，当他正在写作业或看书的时候，如果有同学说，夏文，一起出去打球吧，夏文会说正看书呢。如果同学再说，没事，玩一会儿就回来了，或是说回来再看吧，夏文因为不好意思拒绝，就会放下手头的事情跟别人一块去玩了。

夏文的妈妈认为孩子在这方面的热心并不是一件好事，在很多事情上，他应该学会说“不”。妈妈对夏文说：“你应该学会说‘不’，懂得去拒绝，不能别人提出什么样的请求，你都尽量去满足别人。当同学让你去做一件无关紧要的事情时，比如打球，而此时你正在忙于写作业或是正在做比这更重要的事情时，你就应该跟同学说明一下自己的情况，婉转地拒绝同学的请求。相信你跟他说明情况后，他也不会硬逼着你去玩。其实，在人际交往中，说‘不’是一种艺术，随着你一步步走向社会，以后可能会经常面对一些无法满足的请求，这时，你就该学会说‘不’，学会去拒绝，不能什么都答应别人。明白吗？”

夏文无奈地跟妈妈说，其实自己也不想这样，但有时总是不好意思跟别人说“不”，不好意思去拒绝别人，常常“不”字到了嘴边又咽了下去。当然，有时候也是怕得罪同学，怕拒绝别人多了，以后别人就不跟自己做朋友了。

听了夏文的理由，妈妈说：“只要你的理由是正当的，而且语气婉转一点，别人能理解你。因为那些能够跟你成为朋友的人，肯定会体谅你、理解你，不会因为你拒绝了他们一次就不理你。而那些不能跟你成为朋友的人，就算你答应他再多的事，他们也不会成为你的朋友。”

听了妈妈的话，夏文心里的包袱终于放下了，他不再像以前那样什么事都答应别人了，他开始学会说“不”，学会拒绝了。这样一来，夏文节省下来很多时间，而且也并没有因为拒绝别人而失去朋友。

孩子在与人交往时，所遇的对象并不都是友善的、讲道理的人，也会遇到一些颠倒是非黑白、自视过高的人，他们不仅提出无理要求，还强迫别人无条件地接受。再加上人的立场和观点不同，有不同的时间安排和要求也是难免的。如果孩子好面子，打肿脸充胖子，最终吃亏的只能是自己。因此，一定要让孩子学会敢于拒绝，勇于说不。

1.巧用激励机制

当孩子因为要学习而拒绝了同学叫他出去玩的邀请的时候，父母可以给孩子一定的奖励，以对孩子的类似的拒绝行为表示鼓励和肯定。

2.教孩子拒绝时要婉转

父母要告诉孩子怎样去说“不”，因为有时候直接拒绝会伤害对方，所以，拒绝别人也需要一定的技巧，父母要教会孩子这个技巧。

3.商量是一种交往技巧

拒绝别人有时要和对方反复“磨嘴皮子”，直到对方认可。以商量的口吻去拒绝别人，就会让别人容易接受一点。

4.学会拒绝不代表要拒绝一切

父母要让孩子知道，学会拒绝不代表拒绝别人的一切请求。当同学请求你在学习上、生活上予以帮忙的时候，如果你能帮上忙，当然不要轻易地拒绝。所谓的拒绝，只是指拒绝那些没意义的事情。

5.坦然接受他人说“不”

自己可以拒绝别人，别人也可以拒绝自己。父母要告诉孩子，当遭到拒绝的时候，也要以一个平和的心态来面对，坦然接受别人的拒绝。说不定别人也有着一些不得不拒绝的原因，要学会体谅别人。

6.端正心态

心态决定一切，良好的心态比什么都重要。有了它，孩子就会快乐地面对任何事情；有了它，孩子就能够坦然地对待拒绝这件事。

7.多从不同角度去思考

学会了从不同的角度去看待问题，孩子就不会觉得拒绝对方是一件难堪的事情，例如，当对方要卖给他的一筒卷纸品质过于粗糙的时候，如果你摒弃正常思维，把卷纸当做砂纸看待，可以笑着对对方说：“如果你不介意，可以卖给我当砂纸。”

8.不要过于拘束

有些孩子总怕万一自己说错了话会招致别人的嘲笑，就畏首畏尾，不敢言语。其实，为人要大方得体，即使是拒绝，有时候也会让人感觉到你的真诚，既然如此，你还有什么好怕的呢？所以，当孩子觉得自己应该拒绝的时候，就不要拘泥，大胆地表现出来。

妈妈最想对你说的话

亲爱的儿子：

会说“是”是一种能力，会说“不”同样是一种能力。一个不懂得怎样拒绝他人的人是无法得到真正的快乐和幸福的。所以，当你面对无理要求和无法满足的要求的时候，你一定要勇敢地拒绝。不过说“不”不是拒绝这样的简单的，而要讲究方式。

首先，态度要坚决。拒绝难免是一种伤害，但不能因此而犹豫不决，因为有时候犹豫就是最大的伤害。尤其是那些对你有爱情上的好感的人，对你的言行都非常敏感。如果你拒绝的态度不够坚决，很容易造成对方的误会，你所采用的出于礼貌或者是顾全的思想，会让对方觉得你是答应他的，至少是让他觉得还有希望，最后往往带来比拒绝更大的伤害。

其次，尽力维护对方的自尊。为了减少拒绝给对方造成的心理伤害，也使对方更易于接受，就必许设法维护对方的心理平衡，尽量减少对方的内心挫折。说出的理由也要合乎情理，最好从对方的角度提出有利的方面，让对方觉得拒绝也是为了他（她）好。

此外，如果朋友确实有困难，而且你也能帮得上忙，你就应该尽力去帮助别人，这样不仅可以使你自己得到锻炼，你的朋友也能因此渡过难关。

——爱你的妈妈

脾气变得暴躁了怎么办

放学的时候，几个初二的学生跟和蔼可亲的语文老师边走边聊，立轩说：“老师，自从我上了初二以后，我感到自己长大了，也发现自己变了。”老师说：“那不错，你开始关注自己了，你觉得自己哪些地方有变化了？”

立轩阴沉着脸说：“我经常莫名其妙地忧愁，有时又非常生气，我对父母的管教越来越不想听了，当他们喋喋不休的时候，我真的想发火。这是为什么呢？”

老师看着他，笑着说：“不要以为只有你才这样，很多青少年在青春期性格会发生变化，觉得自己已经长大了，渴望自由独立，希望自己有作决定的权力，希望得到父母的认可和尊重，如果父母说多了，你们觉得烦、想发火也是正常的。”

立伟急忙说道：“对对对，就是这样的，我有时也为一点儿小事大发脾气，还会用讽刺性的话语去回敬那些招惹我的人。其实，我本意不想这样做，我明明知道那些讽刺的话会伤害别人的感情，影响自己的人际关系，可是我还是控制不住，每次说完之后，我又特别后悔，为什么会这样呢？我的脾气是不是太暴躁了？好怀念以前那种无忧无虑的生活，为什么一进入青春期就有这么多烦恼呢？”

老师看着身边的几个男生，笑着说：“这是很正常的，你们要经历一个特定的时期，这个时期你们情绪不稳定，容易冲动，对亲人和亲情有严重的背叛，对老师可能也会不满意，你们可能不想上课，对别人不好的言论你可能很反感，对行为的后果考虑不周，其实老师也是这样过来的，长大了就好了，你们不要太自责，老师高兴的是，你们意识到了脾气暴躁不好，会伤害别人，老师建议你们学会改变自我、克制自我，尽量保持心平气和，让自己平稳地度过青春期。”

随着青少年生理和智力所发生的一系列变化，个性也有了许多新特点，主要表现在自我意识、情绪情感、日常心态、与父母及同伴的关系等诸多方面。很多青春期的孩子反映，他们情绪多变，喜怒无常，特别容易发脾气，这是有原因的。

心理学家表示，青春期是自我意识发展的第二飞跃期。第一次自我意识发展的飞跃期大约是在1～3岁，主要表现为儿童喜欢用“我”来强调自己的重要性。在接下来的几年时间里，儿童的自我意识仍然在继续发展，但发展的速度比较平缓稳定。

进入青春期后，由于生理发育明显，初中生很快就展现出成人的体貌特征。由于这种变化来得太快，一时间让他们有些惶恐不安，自觉或不自觉地将自己的思想从调皮嬉戏的童年拉回，重新审视自己的主观世界，使思想意识再一次进入自我，从而导致自我意识的第二次飞跃，主要表现为内心世界开始丰富起来，并更多的进行内省，比如思考“我的特征是什么？”“我将成为什么样的人？”“别人喜欢我，还是讨厌我？”等一系列的问题。

另外，由于青少年身体开始发育，而他们的心理又没能同步成熟，但他们却没有认识到这一问题，所以总认为自己是大人，认为自己是正确的，听不进别人的意见。另一方面，青春期的孩子普遍存在一种个性心理，有排斥外在力量的意识。当他们被干预时，就会产生反抗，而常见的表现就是发脾气。

妈妈最想对你说的话

亲爱的儿子：

青春期的孩子有较为强烈的反抗性，有相当一部分孩子，喜欢以一种“风暴式”的方式对抗某些外在的力量。这种反抗行为表现得很火暴，发生得很迅速，会给别人带来一定的伤害，会严重影响人际关系。如果你也有这种火暴脾气，妈妈建议你快点改正。

当你想发脾气的时候，请学会克制自己，以下几点是妈妈给你提供的建议，如果你能做到，坏脾气就可能不会爆发：

（1）深呼吸，尽量延长屏气的时间。

（2）从10起开始倒数，或闭上眼睛，想象空旷的海滩和静谧的森林。

（3）如果条件允许，你不妨走开，到外面散散心。

（4）回忆以往成功控制坏脾气的经历，这样能让你更好地控制坏脾气。

（5）把注意力转移到其他事情上，比如一本精美的图书、教室外的行人等。

（6）强迫自己微笑，让自己的情绪得到改善。

——爱你的妈妈

怎样和老师相处得更好

晓凡是某中学初二年级的学生，一天上数学课时，他正认真地听讲，邻座一同学传过一张纸条，约他放学后踢足球。晓凡看了纸条后立刻把纸条退还给那个同学，并轻声劝告：“上课不要传纸条……”

不幸的是，这一幕正好被数学老师看到，他马上批评晓凡上课不认真听讲、传纸条、随便讲话。当时，晓凡有口难言，感到非常委屈，认为李老师批评学生没有做到实事求是，存心让他在全班同学面前难堪，晓凡怀疑是因为上次数学作业没有按时交，数学老师借机报复。

第二天上学路上，晓凡正巧碰到数学老师，他很有礼貌地和老师打招呼，但是老师可能没听见，因此没有回应他，只顾低头走路。晓凡认为数学老师在记仇，故意不理他，让他难堪，那一刻他暗自发誓，今后再也不理数学老师了。

以后每次上数学课时，晓凡都非常厌烦，数学老师看他的眼神，总会让他产生胡乱猜想，认为数学老师在暗示他什么。就这样晓凡对数学老师的成见越来越深，渐渐地，他的数学成绩也越来越糟糕……

有很多孩子听到“老师”这个词时，第一感觉就是“严肃、古板、无法接近”，于是想到的是如何躲得远远的，尽量不进办公室，而不是想着怎样和老师沟通。在大多数孩子的心中，老师好像只喜欢那些成绩好的学生，而成绩差的学生会被老师讨厌。

有位老师说：“在我还是学生的时候，老师在我心目中的形象是非常高大的，我觉得和老师的距离很遥远，别说交流，就算是下课时多看老师一眼，我也会浑身紧张、不自然。当我成为老师后才真正体会到，老师其实非常希望和学生交流，平时批评、指责学生，无非是恨铁不成钢的表现，因为每位老师都希望自己的学生成才。”

确实，在这个世界上，除了父母之外，老师对学生的爱是最无私的，他们毫无保留地把自己的知识和学问传授给学生，只希望学生在人生的旅途中走得更加顺利，在老师的眼里并不存在好学生和坏学生之分。所以，只要你愿意与老师交往，你就能从老师身上感受到关爱，还会减少彼此之间的摩擦和误解。你觉得老师太严厉，经常伤害你的自尊心，老师却觉得你不太懂事，你明白老师的心情吗？

你应该明确的是，老师所做的都是为你们好，没有哪个老师是学生的仇敌。同时，你应该对老师有信心，当你遇到难题时，无论是学习上的难题还是生活上的难题，都可以找老师交流。只要是真诚的交流，老师怎么会排斥呢？只要你对老师多一份理解，多一份沟通，你就能与老师和谐相处，把学习搞好。

妈妈最想对你说的话

亲爱的儿子：

根据妈妈多年的经验判断，学生与哪位老师关系比较融洽，就容易喜欢上哪门课，哪门成绩就好。相反，学生与哪位老师的关系不和谐，就会对那门课产生厌烦，最后那门课也学不好，或许这就是爱屋及乌导致的结果吧。所以，学会与老师和谐相处是一件关系到你学习的大事，另外，从老师身上你能受到积极的影响，对你的成长也是有帮助的。

虽然有时候由于这样那样的原因，你会对老师产生抵触情绪，以至于你不愿意上老师的课，但是这种情况是非常正常的，只要你学会与老师交往，就能不断消除这些小矛盾。妈妈认为，只要你做到以下几点，就能轻松与老师打成一片。

第一，尊敬老师，尊重老师的付出。老师是无私的，他们把知识毫无保留地教给你，如果他们希望得到什么回报的话，那一定是希望学生早日成才。因此，你要学会尊敬老师，见到老师要礼貌地打招呼，上课认真听讲，不破坏课堂纪律，认真完成老师布置的作业。尊敬老师，尊重老师的付出，这是你和老师和谐相处的前提。

第二，勤学好问，虚心求教。或许有时候你会觉得老师的水平不怎么样，但是以后你长大了就会发现你的想法是多么天真。俗话说“人无完人”，老师也有一些不会解答的题目，如果你能换位思考一下，把自己当做老师，上讲台给大家讲一堂课，你就会发现做老师也不是一件容易的事情。事实上，老师的学问、阅历水平肯定是高于你们这些学生的，所以，勤学好问、虚心请教不仅会使自己受益，还会增多并加深和老师的交流，培养师生感情。

第三，学会宽容老师的过失，学会委婉地向老师提意见。心理学研究发现，一个没有缺点和过失的人是很难有亲近感的，别人会对他敬而远之。事实上，这个世界上不存在完美的人，也不存在没有缺点、不犯错误的老师。因此，当老师错误地批评了你，你应该理解老师，宽容老师，不要把这件小事记在心里，那样对你是没有好处的。如果你对老师有意见，不妨私下里委婉地向老师提出来，那样老师更容易接受，你也更容易达到提意见的目的。

第四，学会对自己的行为负责，犯了错误要勇于承认，及时改正。如果你犯错了，任何辩解和欺骗都是徒劳，只有主动向老师承认，积极改正错误，才能赢得老师的谅解。要知道，老师是宽容的，他们不会因为某个学生一次没有完成作业、违反了纪律，就认为这个学生是坏学生，就对他有偏见。

——爱你的妈妈

孩子，你是一个男孩，不要只知道贪玩，更要学会对自己的行为负责，勇于承认自己的错误。

预防大脑过度疲劳

李锐的妈妈一直觉得自己的孩子生活得很幸福：在家里从来不用干活，家事自有保姆或老人家看管，李锐除了学习就是吃饭和睡觉，每天衣来伸手、饭来张口。但不知为何，李锐自从上了高三，就开始常常叫累，或者总是无精打采，不愿出门，对新鲜事物缺乏好奇心，上课听不进去，记东西记不住，做事情难以坚持，老是半途而废，再遇到个流行性感冒啊什么的，他从来没落下过，还动不动就淋巴结肿大、咽喉不舒服……李锐的妈妈很纳闷，不就学习吗，有什么可累的，那自己天天上班还不得累死啊？

其实，李锐的这种情况不过是脑疲劳的一种症状而已。不是说学习就不会产生疲劳，也不是说脑子就一定越用越灵光。如果大脑长时间处于紧绷状态，得不到合理的放松，孩子的身体和心理上就出现一些问题，诸如抵抗力下降，容易生病，对于父母的关心容易产生逆反心理，上课注意力不集中，看到书本就想睡，精神委靡不振，四肢无力，记忆差，反映迟钝，思维缓慢，而且长期失眠、头痛头晕，甚至严重影响神经。

一般来说，孩子产生脑疲劳主要有以下一些原因：

1.对提高学习成绩、升学的担忧

这是造成很多孩子尤其是毕业班孩子心理紧张、疲劳的主要原因。这些孩子绝大多数都有升学的渴望，希望考上一流的中学或大学，特别是考上名牌大学。然而考试本身就是有很强的竞争性的，并不是每个学生都能如愿以偿地考取好成绩，这就必然引起孩子们对学习成绩进退的过分看重和对升学的过分担忧，这样，他们内心就很容易产生不安、焦急与紧张等消极情绪，如果长期得不到有效的发泄和调节，心理疲劳上的疲劳就会转化为大脑的过度疲劳。

2.老师、父母的过高期望与要求

现代社会的竞争力越来越大，很多父母为了不让自己的孩子输在起跑线上，就不断地给孩子加压，对孩子的学业要求很严，期望过高。而父母的高压政策也会影响到老师的行为和看法，于是，老师也会在有意无意中对孩子施加更大的压力，长此以往，就不免会使一些孩子无法抵挡。

3.学习科目多、任务重，搞题海战术

父母要结果，老师也要结果，于是在很多中学，一些教师为了出成绩、抢时间，采取的常见的措施就是搞题海战术，大量订购复习资料与练习题，使得孩子的学习变成了脑力、体力上的比拼。这样，孩子每天除吃、睡，几乎所有时间都在做练习、背资料，如果再没有必要的自我放松和调整的能力，一些孩子就会出现大脑的过度疲劳，出现神经衰弱、记忆力下降、情绪暴躁的现象。

4.学习时间过长，缺乏睡眠

现在，很多孩子的睡眠都无法得到保障，早上起得早，中午没有高质量的午休，晚上与大量的家庭作业奋战到深夜，学习日程排得没有一点空余，平时上课，周末参加补习班、兴趣班，家长为了不让孩子落后不愿意让孩子玩耍，老师也为了不让孩子过多玩耍而布置较多的作业。时间长了以后，别说体力较弱的孩子，即使精力充沛的孩子也难免会感觉疲惫。

5.用睡眠代替运动

许多孩子在长时间看书后，因“太累了”，就选择睡觉而拒绝锻炼。孩子们在校喜欢趴在桌子上睡觉，这样不仅对他们的胃肠功能有影响，对他们的脊柱发育有致命的危害。渐渐地，孩子们习惯了饱餐后很容易就陷入疲劳状态，精神委靡、反应迟钝；有些孩子长大后则出现脊柱侧弯、胸椎后突等状况。也不少孩子回家后以看电视来替代适量运动，不调动身体主动调整，慢慢地身体便处于低活力水平，间接地削弱了学习斗志。

6.用计算机时间过长

计算机对孩子的伤害表现得最直接的就是眼睛。青春期男孩子们正处于快速发育期，眼睛视力很容易受到影响，据美国的一项统计显示，如果一个人一天对着计算机的时间持续超过4个小时，每周持续4天以上，一年之后，50%～90%的人都会出现不同程度的视疲劳综合征，而这也是很多孩子小小年纪就近视的原因。随着网络的迅速壮大，许多孩子迷恋上了电脑游戏。他们为了玩游戏常常长时间坐在计算机前，不仅对身体有很大的危害，更重要的是因游戏紧张刺激，脑子长期处于绷紧的状态，根本无法放松，长此以往，就会出现身体和心理上的疲劳。

妈妈最想对你说的话

亲爱的儿子：

正值青春期的你精力旺盛，精力充沛，活泼好动，富于幻想，求知欲强，不满足学校单调的甚至有些枯燥的课堂生活，向往和追求丰富多彩的立体生活。你一天中的大部分时间是按照课程规划规定的科目上课，但你仍有许多课余时间可以自由支配，你可以在自己能力所及的范围内自行组织或参加丰富多彩的课外活动。

你也可以选择一套保健体操，在空旷的地方，每天做2～3次，可以使全身大肌肉群、大关节、韧带等得到充分的锻炼，改善心血管系统的功能，促进新陈代谢，达到全身增强健康的目的。

此外，采用正确的坐姿、站姿也很重要，这样不仅可以避免过早的脊柱劳损，背部、腰部不适，还可以避免脊柱侧弯，影响体态。

——爱你的妈妈